AF545775

Antworten von Herzen

Brauchbare Ratschläge
für dringliche Lebensfragen

THICH NHAT HANH

Antworten von Herzen

Brauchbare Ratschläge für dringliche Lebensfragen

Aus dem Englischen von Ursula Richard

Theseus Verlag

Die amerikanische Originalausgabe erschien unter dem Titel *Answers from the Heart* bei Parallax Press, P.O. Box 7355, Berkeley, CA 94707, USA.

Übersetzung aus dem Englischen: Ursula Richard

Layout/Satz: Ingeburg Zoschke, Berlin
Lektorat: Susanne Klein
Umschlaggestaltung: Morian & Bayer-Eynck, Coesfeld, www.mbedesign.de
Umschlagfoto: © Hildegard Morian
Druck & Verarbeitung: Westermann Druck Zwickau GmbH

www.weltinnenraum.de

1. Auflage 2010

Bibliografische Information der Deutschen Nationalbibliothek:
Die Deutsche Nationalbibliothek verzeichnet diese Publikation in der Deutschen Nationalbibliografie; detaillierte bibliografische Daten sind im Internet über http://dnb.d-nb.de abrufbar.

ISBN 978-3-89901-281-1

Dieses Buch wurde auf 100 % Altpapier gedruckt und ist alterungsbeständig. Weitere Informationen hierzu finden Sie unter www.weltinnenraum.de

Inhalt

Einführung

Wenn Sie der Achtsamkeitspraxis erstmalig begegnen, haben Sie vielleicht Millionen Fragen. Doch bevor Sie sich damit an andere wenden, um Antworten zu erhalten, sollten Sie selbst mit diesen Fragen sitzen. Möglicherweise werden Sie überrascht feststellen können, dass Sie die meisten Fragen selbst beantworten können, wenn Sie sie tief anschauen und berühren.

Wir haben die Gewohnheit, stets außerhalb von uns zu schauen, in dem Glauben, Weisheit und Mitgefühl könnten uns ein anderer Mensch oder der Buddha oder seine Lehren (Dharma) oder die Gemeinschaft (Sangha) geben. Doch Sie sind der Buddha, Sie sind das Dharma, Sie sind die Sangha.

Das Buch will Sie nicht über Buddhismus belehren. Wissen über den Buddhismus anzusammeln wird nicht Ihre brennenden Fragen beantworten. Wir müssen Kenntnis über die Dinge erlangen, die uns dabei helfen, unser eigenes Leiden zu transformieren, die Situationen, in denen wir uns verfangen haben. Ist unser Lehrer ein wirklicher Lehrer, dann werden uns seine Worte helfen, mit dem Leben in Berührung zu sein und uns von vorgefassten Meinungen, Ansichten, von Wut und Gewohnheitsenergien zu lösen. Das Ziel einer wahren Lehrerin ist, die Transformation ihrer Schüler und Schülerinnen zu unterstützen.

Unterschätzen Sie die Kraft einer guten Frage nicht. Von einer guten Frage können viele Menschen profitieren. Unsere Frage sollte von Herzen kommen, sie sollte etwas mit unserem Glück, unserem Leiden, unserer Transformation und Übung zu tun haben. Eine gute Frage muss nicht lang sein.

Im neunten Jahrhundert lebte der berühmte Zen-Meister Linji. Er war für seine »Zen-Gefechte« zwischen Lehrer und Schüler sehr berühmt. Als Schüler erhob man sich und stellte dem Meister eine Frage, um herauszufinden, ob das eigene Verständnis gereift war. Linji benutzte den Ausdruck »auf das Schlachtfeld treten«. Manchmal war der Schüler siegreich, manchmal verlor er. Als mir Menschen die Fragen gestellt haben, die in diesem Buch enthalten sind, mussten sie kein Schlachtfeld betreten. Im Kampf gibt es immer jemanden, der gewinnt, und jemanden, der verliert. Ich versuche jede Frage und jeden, der eine Frage stellt, mit Mitgefühl zu betrachten, so als hätte ich die Frage selbst gestellt.

Das bedeutet nicht, dass die Antworten dem entsprechen, was wir hören wollen. So wie wir die Neigung haben, vor einer Spritze oder einer Arznei zurückzuschrecken, selbst wenn sie gut für uns ist, haben wir auch die Neigung, vor Antworten wegzulaufen, die schmerzvolle Lebensbereiche berühren.

Manchmal sind Zen-Antworten wie Rätsel, die den Denkprozess des Schülers, der Schülerin stoppen sollen. Denken ist nicht erwachtes Verstehen. Erwachtes Verstehen ist schneller als ein Blitz. Beim Denken hingegen macht man Fehler.

Manchmal muss der Lehrer in einer Weise antworten, die Meister Linji das »Entfernen des Objekts« genannt hat. Das bedeutet, wenn jemand beispielsweise mit einer Frage zum Lehrer kommt und dieser sehr viel Zeit damit verbringt, dieses und jenes zu erklären, ohne dass sich dies als hilfreich

erweist, dann wird der Schüler möglicherweise in Gedanken und Ansichten verfangen bleiben. Der Lehrer entfernt die Frage, was durchaus das falsche Hindernis gewesen sein konnte. Ich entferne oft das Objekt und gebe damit die Frage an die Schülerin zurück.

Ich hoffe, dass wir in einigen der Fragen und Antworten in diesem Buch die Form der Heilung finden können, die wir im Tiefsten brauchen. Die Lehrworte des Buddha werden die »alles umfassenden Klänge« genannt. Dies bedeutet, dass die Worte ihrem Wesen nach Fülle sind und alle Arten menschlichen Befindens berühren. Alles umfassender Klang meint auch, dass eine Lehre den Hörenden angemessen ist; sie kann unsere tatsächlichen Umstände berühren. Fragen und Antworten bieten uns die Gelegenheit, unsere Fähigkeit zu kultivieren, mit Offenheit und Empfänglichkeit und in Stille zuzuhören. Hören wir in dieser Weise zu, werden wir mit Sicherheit die Medizin empfangen, die wir brauchen.

Erstes Kapitel

Das tägliche Leben

Frage: Ich weiß nicht, was ich mit meinem Leben anfangen soll. Ich fühle mich in viele verschiedene Richtungen gezogen, kann aber nie bei einer Sache bleiben. Ich fühle mich immer unglücklich und durcheinander. Was kann da helfen?

Antwort: Manchmal pflanzen wir Rosen, indem wir Ableger nehmen. In dem Wissen, dass der Zweig keine Wurzeln hat, stecken wir den Ableger in feuchte Erde. Lassen wir den Zweig lange genug in nährstoffreicher, feuchter Erde, wird er Wurzeln schlagen und stabil werden. Sie haben das Potenzial, ein schöner Rosenbusch zu werden, doch brauchen Sie dazu etwas Erdreich, und Sie müssen lange genug in der Erde bleiben, damit Ihre Wurzeln stark und kräftig werden.

Wir sind daran gewöhnt, Leiden negativ zu bewerten. Lassen Sie uns lernen, Leiden als etwas Positives zu sehen. In der Lehre des Buddha wird Leiden als eine edle Wahrheit bezeichnet, und wir können viel daraus lernen. Ein Mensch sollte fähig sein, mit Leiden und mit Glück umzugehen. Beide gehen stets Hand in Hand; gäbe es kein Leiden, gäbe es auch kein Glück. Wir alle haben eine ganz natürliche Tendenz, Leiden zu vermeiden, und das ist gar nicht gut für uns. Ohne Leiden können wir nicht in unserem Menschsein wachsen;

wir könnten nicht lernen, verständnisvoller und mitfühlender zu sein. Darum müssen wir wissen, wie wir das Leiden erkennen und wie wir es umarmen können. Solange Sie vor dem Leiden davonlaufen, werden Sie weiter leiden. Viele Menschen haben das Gefühl, ohne Wurzeln zu sein. Sie brauchen die richtige Umgebung, die richtige Erde, um Wurzeln zu schlagen. Eine Sangha, eine liebevolle Gemeinschaft von Brüdern und Schwestern, wird Ihnen die richtige Art der Unterstützung geben, und Sie werden bald auf eigenen Füßen stehen können. Ein Ableger braucht nicht lange, um ein Rosenbusch zu werden.

F: Ich fühle mich schuldig, wenn ich nicht beschäftigt bin. Ist es in Ordnung, nichts zu tun?

A: In unserer Gesellschaft wird Nichtstun im Allgemeinen als etwas Negatives angesehen, als ein Übel. Doch wenn wir uns in Aktivitäten verlieren, dann mindern wir unsere Lebensqualität. Wir tun uns selbst einen schlechten Dienst damit. Es ist so wichtig, dass wir uns selbst schützen, dass wir unsere Frische und unseren Humor bewahren, unsere Freude und unser Mitgefühl. Im Buddhismus kultivieren wir »Absichtslosigkeit«, und in der buddhistischen Tradition ist der ideale Mensch, ein *Arhat* oder Bodhisattva, ein »beschäftigungsloser Mensch« – jemand, der nirgendwo hingehen muss und nichts zu tun hat.[1] Die Menschen sollten lernen, einfach da zu sein und nichts zu tun. Versuchen Sie, einen Tag lang nichts zu

1 Siehe Thich Nhat Hanh, *Aufwachen zu dem, der du bist, Die Zen-Unterweisungen des Meisters Linji*, Frankfurt: O.W. Barth, 2009.

tun; wir nennen das einen Mußetag. Für viele von uns, die so daran gewöhnt sind, ständig von hier nach da zu rennen, ist ein solcher Mußetag tatsächlich sehr harte Arbeit! Es ist gar nicht so einfach, nur zu sein. Können Sie glücklich sein, entspannt sein, können Sie lächeln, während Sie nichts tun, dann sind Sie sehr stark. Die Lebensqualität, die aus dem Nichtstun erwächst, ist sehr wichtig. Nichtstun ist etwas. Bitte schreiben Sie das auf und hängen Sie es zu Hause sichtbar auf: *Nichtstun ist etwas.*

F: Mein Streben nach Erfolg hat schon zu viel Leid geführt. Was immer ich auch tue, es reicht nie aus, ist nie genug. Wie kann ich mit mir Frieden schließen?

A: Die Qualität Ihres Handelns hängt von der Qualität Ihres Seins ab. Nehmen wir an, Sie sind darauf erpicht, jemanden glücklich zu machen. Das ist eine gute Sache. Doch wenn Sie selbst nicht glücklich sind, können Sie das gar nicht tun. Um einen anderen Menschen glücklich zu machen, müssen Sie selbst glücklich sein. Es gibt also eine Verbindung zwischen Tun und Sein. Sind Sie nicht in Ihrem Sein erfolgreich, können Sie auch nicht erfolgreich in Ihrem Tun sein. Wenn Sie nicht das Gefühl haben, auf dem rechten Weg zu sein, dann ist Glück unmöglich. Das gilt für alle; wenn Sie nicht wissen, wohin Sie gehen, leiden Sie. Es ist sehr wichtig, dass Sie Ihren Pfad erkennen und Ihren wahren Weg vor sich sehen.

Glücklichsein bedeutet zu spüren, dass Sie in jedem Augenblick auf dem rechten Weg sind. Sie müssen nicht am Ende der Wegstrecke ankommen, um glücklich zu sein. Der rechte Weg bezieht sich darauf, wie Sie Ihr Leben in jedem

Augenblick konkret leben. Im Buddhismus sprechen wir vom Edlen Achtfachen Pfad: Rechte Sicht, Rechtes Denken, Rechte Rede, Rechtes Handeln, Rechter Lebenserwerb, Rechte Bemühung, Rechte Achtsamkeit und Rechte Sammlung. Es ist uns möglich, den Edlen Achtfachen Pfad in jedem Moment unseres Alltags zu leben. Das macht nicht nur uns glücklich, sondern auch die Menschen in unserem Umfeld. Wenn Sie den Pfad praktizieren, werden Sie sehr freundlich, frisch und mitfühlend werden.

Betrachten Sie den Baum im Vorgarten. Der Baum scheint nichts zu tun. Er steht einfach da, kraftvoll, frisch und schön, und alle profitieren von ihm. Das ist das Wunder des Seins. Wäre der Baum weniger als ein Baum, hätten wir alle Probleme. Doch wenn ein Baum einfach nur wirklich Baum ist, dann gibt es Hoffnung und Freude. Können Sie also Sie selbst sein, dann ist das bereits Handeln. Handeln gründet in Nicht-Handeln; Handeln ist Sein.

Es gibt Menschen, die sehr viel tun, die aber auch viele Probleme bereiten. Je mehr sie zu helfen versuchen, desto mehr Probleme verursachen sie, selbst wenn sie die besten Absichten haben. Sie sind nicht friedvoll und auch nicht glücklich. Es ist besser, sich nicht so sehr abzumühen, sondern einfach nur zu sein. Dann werden Frieden und Mitgefühl in jedem Augenblick möglich sein. Auf dieser Grundlage kann alles, was Sie sagen oder tun, nur hilfreich sein. Können Sie dazu beitragen, dass jemand weniger leidet, dass jemand lächelt, dann fühlen Sie sich belohnt und werden viel Glück empfangen. Zu wissen, dass Sie hilfreich sind, nützlich für die Gesellschaft, das ist Glück. Gehen Sie einen Weg und genießen Sie jeden Ihrer Schritte, dann sind Sie bereits jemand; Sie brauchen dann niemand anderes zu werden.

Im Buddhismus kennen wir die Praxis von *apranihita*, Ziel- oder Absichtslosigkeit. Wenn Sie ein Ziel vor sich errichten, laufen Sie Ihr ganzes Leben lang darauf zu, und Glück wird nie möglich sein. Glück ist nur möglich, wenn Sie aufhören zu rennen und den gegenwärtigen Moment wertschätzen und das, was Sie sind. Sie müssen nicht jemand anderes sein; Sie sind bereits ein Wunder des Lebens.

F: Wann immer ich etwas tue, ist mein Geist bereits bei der nächsten Sache oder wieder bei der vorigen. Was kann ich tun, um damit aufzuhören, ständig über ungelegte Eier nachzugrübeln?

A: Wenn Sie mehrere Briefe erhalten, müssen Sie entscheiden, welchen Sie zuerst lesen. Vielleicht gibt es zwei Briefe, die Sie für gleich wichtig halten. Doch Sie müssen eine Entscheidung treffen; Sie müssen einen als Erstes öffnen. Bleiben Sie bei der Entscheidung, sobald Sie sie getroffen haben. Überqueren Sie eine Brücke, dann denken Sie nicht an die Brücke, die Sie nicht genommen haben; Sie werden sie vielleicht noch einmal überqueren, aber erst nachdem Sie die erste genommen haben. Das ist unsere Praxis. Der Rechtsanwalt ist ganz bei dem Klienten, der gerade bei ihm ist, nicht bei dem, der später kommt. Die Ärztin ist ganz auf die Patientin vor ihr fokussiert. Das ist Konzentration, Achtsamkeit, einsgerichteter Geist. Haben Sie sich nicht darin geübt, Ihre gesamte Aufmerksamkeit auf ein Objekt zu richten, gibt es Zerstreutheit und Unruhe. Sie müssen vollkommen, hundertprozentig im Hier und Jetzt sein.

F: Wie können wir die Praxis der Achtsamkeit und des Lebens im gegenwärtigen Augenblick mit einem Leben verbinden, in dem wir auch Pläne schmieden müssen?

A: Die Achtsamkeitspraxis verbietet uns nicht, für die Zukunft zu planen. Es ist gut, sich nicht in Unsicherheit und Angst vor Zukünftigem zu verlieren, aber wenn wir wahrhaft im gegenwärtigen Moment gegründet sind, können wir die Zukunft in das Hier und Jetzt bringen und Pläne schmieden. Wir verlieren den gegenwärtigen Moment nicht, wenn wir an die Zukunft denken. Tatsächlich umfasst der gegenwärtige Moment sowohl Vergangenheit als auch Zukunft. Die Zukunft besteht nur aus dem Material der Gegenwart. Wenn Sie wissen, wie Sie auf für Sie bestmögliche Weise in der Gegenwart leben, ist das alles, was Sie für die Zukunft tun können. Mit unserer gesamten Aufmerksamkeit den gegenwärtigen Moment zu bewältigen bedeutet, bereits unsere Zukunft zu erschaffen.

F: Wie können wir uns schlechter Gewohnheiten bewusst werden und sie verändern?

A: Negative Gewohnheiten versuchen immer zutage zu treten, doch wenn Sie achtsam sind, dann bemerken Sie es. Achtsamkeit hilft uns, die Gewohnheiten, die uns von unseren Vorfahren und unseren Eltern übermittelt wurden oder die wir in der Kindheit erworben haben, zu erkennen. Durch dieses bloße Erkennen verlieren sie oft schon an Kraft und Einfluss. Nehmen wir an, Sie haben die Gewohnheit, beim Einkaufen oder Kochen schnell in einen gehetzten Zustand zu verfallen.

Dank der Achtsamkeit erkennen Sie, dass Sie umhereilen und Gegenstände umwerfen, weil Sie versuchen, schnell fertig zu werden. Dadurch wird Ihnen klar, dass sich so die Energie der Gehetztheit zeigt. Atmen Sie also achtsam ein und aus und sagen Sie: »Meine liebe Gewohnheitsenergie, hier bist du ja wieder.« Und sobald Sie das erkennen, wird sie ihre Stärke verlieren. Kehrt sie zurück, wiederholen Sie das, und so wird sie weiter an Kraft verlieren. Sie müssen sie gar nicht bekämpfen, erkennen Sie sie einfach und lächeln Sie ihr zu. Jedes Mal, wenn Sie sie identifizieren, wird sie ein wenig schwächer werden, bis sie Sie schließlich nicht mehr kontrollieren kann.

F: Wie kann ich aufhören, so urteilend zu sein?

A: Wenn wir einen anderen Menschen betrachten, sollten wir tief genug schauen, um zu sehen, dass ein Individuum aus vielen Elementen besteht: Gesellschaft, Erziehung, Eltern, Vorfahren, Kultur und so weiter. Wenn wir diese Elemente nicht alle sehen, dann sehen wir auch diesen Menschen nicht vollständig. Neigt er dazu, sich schlecht zu benehmen, dann heißt das nicht, dass er sich gern so verhält, aber vielleicht ist er das Opfer einer entsprechenden Übertragung. Die negativen Samen in ihm sind ihm möglicherweise von der Gesellschaft, seinen Eltern, seinen Vorfahren oder seiner Kultur übertragen worden.

Mit diesem Verständnis wird es einfacher sein für Sie, Mitgefühl mit ihm zu haben. Dann werden Sie weniger von dem Wunsch motiviert, zu urteilen, als von dem Wunsch, etwas zu tun, um das Umfeld, die Kultur zu verändern, damit die nächste Generation kein Opfer einer solchen Übertragung mehr sein wird. Statt mit Verärgerung zu reagieren, können Sie den Wunsch verspüren, mitfühlend zu handeln.

Wenn Sie sich eingehend und tief betrachten und eine Ihrer Stärken anschauen, sei es eine Begabung oder eine Geschicklichkeit oder die Fähigkeit zum Glücklichsein, so wissen Sie, dass Sie diese Stärke von Ihren Vorfahren, Ihren Eltern, Ihrer Kultur und so weiter geerbt haben. Sie sind deren Fortführung, jene haben Ihnen diese Dinge übermittelt. Genauso sehen Sie die negativen Dinge in Ihnen wie Angst, Wut und Voreingenommenheit, die Ihnen auch von Eltern und Vorfahren übermittelt sein mögen. In beiden Fällen sollte es da Ihrerseits kein Urteil geben. Ihre Eltern und Vorfahren vermochten sich selbst nicht zu wandeln, darum haben sie diese Dinge an Sie weitergegeben. Doch Sie haben in Ihrem Leben die Möglichkeit der Wandlung, sodass Sie diese negativen Dinge nicht an Ihre Kinder weitervermitteln werden. Dieser Blick auf Sie selbst und auf andere Menschen wird Ihnen ein größeres Maß an Verstehen und Mitgefühl ebenso ermöglichen wie den tiefen Wunsch nach einem transformierenden Handeln.

F: Wie können wir am besten unsere Freude mit anderen teilen?

A: Ist in uns wahrhaft Freude, so wird sie nicht nur uns guttun, sondern auch den Menschen in unserem Umfeld. Wahre Freude kann unserem Körper und unserem Bewusstsein helfen. Freude nährt uns. In buddhistischen Kreisen wird die Meditationspraxis als tägliche Nahrung verstanden. Freude und Konzentration sind wichtige Elemente der Meditations-

praxis. Erfahren wir bei der Sitz- oder Gehmeditation keine Freude, dann läuft etwas mit unserer Übung falsch.

Unsere Freude wird ganz natürlich geteilt, denn wenn wir voller Freude sind, sind wir glücklich und inspirieren andere. Die Atmosphäre wird lichter, und wir atmen freier und arbeiten mit anderen zusammen, um die Art kollektiver Freude zu schaffen, die vielen Menschen guttut. Wir rezitieren täglich: »Ich gelobe, am Morgen einem Menschen Freude zu schenken und das Leiden eines Menschen am Nachmittag zu lindern.« Das ist aber nur das Minimum, denn wenn wir einem Menschen Freude schenken, dann schenken wir bereits vielen Menschen Freude.

Wächst Ihr Verstehen, werden auch Mitgefühl und liebende Güte zunehmen, und Ihr Herz wird größer und weiter werden. Mit einem größeren Herzen verbessern wir unsere Fähigkeit, unsere negativen Gefühle anzunehmen und zu umarmen, um sie zu wandeln. Werfen Sie eine Handvoll Salz in ein Glas Wasser, können Sie das Wasser nicht mehr trinken, weil es zu salzig ist. Doch werfen Sie eine Handvoll Salz in einen Fluss, so ist der Fluss so groß, dass ihn das nicht beeinträchtigt und wir weiterhin das Wasser trinken können. Der Fluss ist so gewaltig und vermag von daher aufzunehmen, zu umfassen und zu wandeln. Unser Herz ist wie der Fluss, groß genug, um das Leiden zu wandeln und Freude zu bringen, nicht nur uns, sondern allen in unserem Umfeld.

F: Ich neige dazu, andere Menschen zu idealisieren, und bin dann enttäuscht, wenn sie meinen Erwartungen nicht gerecht werden. Was kann ich da tun?

A. Als ich einmal die Zehn Achtsamen Bewegungen[2] vor einem Baum ausführte, erkannte ich, dass der Baum mir viel zu geben hatte und dass ich dem Baum viel geben konnte. Der Baum gibt mir Schönheit, Schatten und Sauerstoff. Ich gebe dem Baum meinen Atem, meine Wertschätzung und meine Freude. Der Baum und ich sind miteinander verbunden. Betrachten wir einen Menschen, können wir auf die gleiche Art schauen, ohne das Vorhandene zu übertreiben oder uns all das vorzustellen, was nicht vorhanden ist. Manchmal erwarten wir zu viel und wollen das, was wir sehen, idealisieren. Wir werden sehr viel weniger leiden, wenn wir bei einer Sache oder einer Person die Wirklichkeit, wie sie ist, anerkennen, ohne Übertreibung oder Einbildung. Viele Menschen lieben den Buddha, aber sie entstellen den Buddha, machen ihn zu einem Gott, einem Schöpfer. Das schadet ihnen und es schadet dem Buddha. Darum ist die Achtsamkeitspraxis, die reine Wahrnehmung der Dinge, so wie sie sind, die grundlegende Übung im Buddhismus. »Einatmend weiß ich, dies ist mein Einatmen. Ausatmend weiß ich, dies ist mein Ausatmen. Einatmend sehe ich den blauen Himmel. Ausatmend lächle ich dem blauen Himmel zu.«

Die Dinge zu erkennen, wie sie sind, bewahrt Sie vor Übertreibung und Ausschmückung.

F: Ich habe Probleme damit, Dinge loszulassen: Beziehungen, Jobs, Gefühle und so weiter. Wie kann ich diese Anhaftungen reduzieren?

2 Sie sind beschrieben in: Thich Nhat Hanh, *Alles, was du tun kannst für dein Glück*, Freiburg: Herder Verlag, 2010.

A: Loszulassen bedeutet, etwas loszulassen. Dieses Etwas kann ein Objekt unseres Geistes sein, etwas, das wir geschaffen haben, wie eine Idee, ein Gefühl, ein Wunsch oder ein Glauben. An solchen Ideen oder Vorstellungen hängen zu bleiben kann viel Unglück und Kummer bringen. Wir wollen sie gern loslassen, aber wie? Es reicht nicht, sie einfach nur loslassen zu wollen, wir müssen sie als Erstes als etwas Reales erkennen. Wir müssen tief in ihr Wesen und ihren Ursprung hineinschauen, denn Vorstellungen entstehen aus Gefühlen, Emotionen und vergangenen Erfahrungen, aus Dingen, die wir gesehen oder gehört haben. Mit der Energie der Achtsamkeit und Konzentration können wir tief schauen und die Wurzeln der Vorstellung, des Gefühls, der Emotion, des Verlangens entdecken. Einsicht erwächst aus Achtsamkeit und Konzentration und sie kann uns helfen, das Geistesobjekt loszulassen.

Nehmen wir an, Sie haben eine Vorstellung von Glück, eine Idee, was Sie glücklich macht. Diese Idee hat ihre Wurzeln in Ihnen und Ihrem Umfeld. Die Idee sagt Ihnen, welche Bedingungen Sie brauchen, um glücklich zu sein. Sie haben diese Vorstellung seit zehn oder zwanzig Jahren in Betracht gezogen und nun erkennen Sie, dass Ihre Vorstellung von Glück Sie unglücklich macht und leiden lässt. Ihr mögen Elemente der Selbsttäuschung, der Wut oder der Begierde innewohnen. Leiden besteht aus diesen Elementen. Auf der anderen Seite wissen Sie, dass Sie auch andere Erfahrungen haben: Momente der Freude, der Befreiung oder wahren Liebe. Sie erkennen diese als Momente wirklichen Glücks. Nachdem Sie einen Augenblick wirklichen Glücks erlebt haben, ist es einfacher für Sie, die Objekte Ihres Verlangens aufzugeben, denn Sie entwickeln die Einsicht, dass diese Objekte Sie nicht glücklich machen werden.

Viele Menschen haben den Wunsch loszulassen, aber sie sind nicht dazu imstande, da es ihnen an Einsicht mangelt; sie kennen noch keine Alternative, keine anderen Zugänge zu Frieden und Glück. Angst ist ein Element, das uns vom Loslassen abhält. Wir haben Angst, dass wir nichts mehr zum Festhalten haben, wenn wir loslassen. Loslassen ist eine Übung, es ist eine Kunst. Eines Tages werden Sie mit genügend Stärke und Entschlossenheit den Kummer loslassen, der Ihnen Leid zufügt.

F: Kann uns die Achtsamkeitspraxis helfen, mit unserer sexuellen Energie zu leben und unserem Partner oder unserer Partnerin treu zu bleiben?

A: Sexuelle Energie ist normal; wir sollten sie nicht als etwas Übles betrachten. Wir alle haben unsere animalische Natur. Die Praxis buddhistischer Meditation, die Praxis des Dienens und Mitfühlens sind unserer animalischen Natur nicht entgegengestellt. Die Buddhanatur in uns kann sehr wohl unsere animalische Natur umfassen. Es gibt für einen Kampf zwischen ihnen keinen Grund; ein solcher Streit wäre destruktiv und würde großen Schaden in uns anrichten. Buddhistische Praxis gründet auf der Einsicht in die Nichtdualität. Wir sind achtsam, doch wir sind ebenfalls achtlos. Wir sind mitfühlend, doch manchmal sind wir wütend und hasserfüllt. Und all das bildet in uns eine Gemeinschaft. Wir müssen nichts ausschließen oder unterdrücken, auch unsere sexuelle Energie nicht.

Achtsamkeit ist die Fähigkeit zu erkennen, was da ist, ohne daran zu haften, es zu bekämpfen oder zu unterdrücken. Der

erste Schritt bei der Achtsamkeit besteht darin, einfach das, was ist, wahrzunehmen und zu umarmen, sei es positiv oder negativ, angenehm oder unangenehm. Ist unsere Achtsamkeit ausreichend stark, können wir die Natur dessen, was ist, erkennen und wissen, wie wir die Energie wandeln und in eine gute Richtung lenken können. Sexuelle Energie ist nur eine Form der Energie; sie kann in andere Bahnen gelenkt werden. Sind Sie interessiert daran, andere Dinge zu tun und zu realisieren, dann kann Ihre sexuelle Energie in solche Bahnen gelenkt werden und Sie werden nicht viel Zeit haben, an Sex zu denken.

Mönche und Nonnen erkennen, dass sexuelle Energie da ist, aber wir lernen mit Unterstützung der Sangha unsere Energie in anderen Bereichen, denen unsere höchsten Bestrebungen gelten, einzusetzen. Wir widmen unsere Zeit dem Studium des Dharma und wir sprechen darüber, wie wir dies praktisch umsetzen können. Wir sind jeweils für das Wohlergehen und die Praxis einer anderen Nonne, eines anderen Mönchs verantwortlich, unseres »Zweiten Körpers«. Wir verbringen unsere Zeit damit, uns um unseren Zweiten Körper zu kümmern. Wir widmen denen Zeit, die zu uns kommen, um zu praktizieren. Wir können sehr glücklich dabei sein, unsere Energie in diese Richtung auszurichten. Wenn Sie Ihr Leben klug organisieren und Ihre Energie geschickt einsetzen und wenn Sie anderen Menschen zu helfen vermögen, weniger zu leiden, dann wird die sexuelle Energie nicht länger ein großes Problem in Ihrem Leben sein.

Im Buddhismus ist die Lehre über die Liebe sehr zentral. Liebende Güte, Mitgefühl, Freude und Gleichmut sind Elemente wahrer Liebe und wir können sie tagtäglich praktizieren. Doch Liebe unterscheidet sich von sexuellem Vergnügen.

Schlafen zwei Menschen miteinander ohne tiefe Liebe, ohne Verbindlichkeit und gegenseitiges Verstehen, so kann das viel Leid und Zerstörung mit sich bringen. Durch tiefes Verstehen und tiefe Kommunikation ist es möglich, glücklich zu sein. Durch Achtsamkeit und die Praxis von Verstehen und Mitgefühl kann Sexualität schön und heilig sein.

F: Sollten Nacktheit und Sexualität in bildender Kunst, Fotografie und Film vermieden werden? Oder kann man sich Sinnlichem mit Achtsamkeit nähern?

A: Der menschliche Körper ist schön, und Sexualität kann etwas Schönes und Spirituelles sein. Ohne Sexualität könnte ein Buddha nicht geboren werden. Wir können den Geist nicht vom Körper trennen; unser Körper ist so heilig wie der Geist. Wenn wir daher den Körper als eine Sache des Konsums ansehen, als ein Objekt der Begierde, dann haben wir den Körper nicht wahrhaft gesehen. Unser Körper sollte mit äußerstem Respekt behandelt werden. Berühren wir den Körper eines anderen Menschen, berühren wir seinen Geist und seine Seele.

Der Buddha lehrte, dass Menschen aus fünf Elementen bestehen: aus Körper, Gefühlen, Wahrnehmungen, geistigen Formkräften und Bewusstsein. Bewusstsein kann sich ohne den Körper gar nicht manifestieren. Darum ist die Einsicht, dass Körper und Geist eins sind, so wichtig. Respektieren Sie jemanden, so respektieren Sie ihren Körper, nicht nur ihre Gefühle, Wahrnehmungen und ihr Bewusstsein.

Sexualität kann in Kunstwerken auftauchen. Doch wenn Sie den menschlichen Körper in einer Weise zeigen, die nur

die Samen der Begierde wässert, dann legen Sie bei sich und anderen Samen zukünftigen Leidens. Es gibt Dichter, Fotografinnen und Filmschaffende, die den menschlichen Körper als ein Objekt der Kontemplation und Verehrung präsentieren können. Wird der menschliche Körper so gezeigt, werden die Samen von Schönheit, Freude, Respekt und Verehrung, die im Betrachtenden gegenwärtig sind, gewässert. So muss es sein. Wir müssen den Körper auf eine Weise zeigen, die inspiriert zu Vertrauen, Glück und Freude.

F: Ich kann mir nicht vorstellen, ohne meine Kamera oder mein Mobiltelefon zu leben. Ist es falsch, an solchem Komfort anzuhaften?

A: Es ist wundervoll, eine Kamera zu haben – und es ist wundervoll, keine zu haben. Die Achtsamkeit hilft uns, das Vergnügen, eine Kamera zu besitzen, wahrzunehmen, ohne dieses Vergnügen zu übertreiben. Die Achtsamkeit hilft uns, in Frieden zu sein, wenn wir keine Kamera besitzen. Ich glaube, wir haben die Neigung, Dinge als dauerhaft ansehen zu wollen; wir wollen sie bei uns haben, und wir wollen Dinge, mit denen wir leben oder die wir gesehen haben, mit den Menschen teilen, die wir lieben. Das sind alles gute Gründe, eine Kamera zu haben, doch wenn wir dann eine neuere, teurere Kamera sehen und unsere alte für uns plötzlich keinen Wert mehr hat, weil wir nun die bessere besitzen wollen, dann ist das nicht gut. Wegen dieser Schwäche in uns, konsumieren zu wollen, werden immer mehr Waren produziert, und wir verschmutzen mit unserem Müll die Welt. Um viel konsumieren zu können, müssen wir die ganze Zeit arbeiten und haben keine Zeit, zu lieben und Schwesterlichkeit und Brüderlichkeit aufzubauen. Wir müssen einen einfacheren Lebensstil entwickeln, bei dem wir nicht mehr so sehr das Bedürfnis nach Konsum verspüren. Ein einfaches Leben kann viel Glück bringen.

A: Was ist die buddhistische Auffassung von Multikulturalismus? Ist es möglich, sich damit zu identifizieren, ein Farbiger zu sein, ohne gleichzeitig zu sehr daran zu haften?

F: Wir alle haben Elemente vieler anderer Kulturen und Farben in uns. Wir sind nicht »rein«. Es ist in Ordnung, sich mit einer speziellen Farbe zu identifizieren, doch ist es nützlicher, von kulturellen und spirituellen Werten zu sprechen. Diese sind universell; jeder kann sie wertschätzen und sich mit ihnen einverstanden erklären. Wenn wir der Überzeugung sind, dass unsere Vorfahren stets mit uns sind, wo immer wir auch sind, können wir einen Altar für unsere Ahnen aufstellen, sodass wir immer mit ihnen sind. Dies hilft uns, das Vertrauen in unser kulturelles Erbe zu bewahren. Haben wir Vertrauen in die Schönheit unserer Kultur, sind wir imstande, sie zu bewahren, selbst wenn andere uns nicht verstehen. Wenn wir uns die Zeit nicht nehmen, unseren Kindern von unserer Kultur zu erzählen, dann werden sie diese verlieren. Doch wir müssen uns stets bewusst sein, dass es in jeder Kultur Blumen und Abfall gibt und dass man keine Kultur idealisieren oder eine andere schlechtmachen sollte. Haften wir an unserem speziellen Erbe so sehr an, dass wir an jedem seiner Aspekte festhalten, selbst an denen, die uns nicht länger nutzen, dann verletzen wir nur uns selbst. Uns mit unseren Vorfahren zu

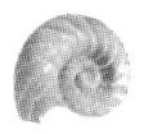

verbinden und sie in ihrer Ganzheit zu sehen ist ein Weg, unser spezielles Erbe wertzuschätzen und uns damit zu identifizieren, ohne durch unsere Anhaftung blind zu werden.

F: Wie können wir in einer Welt, die fortwährend Hetze und Eile von uns verlangt, bleibende Achtsamkeit praktizieren? Ist es möglich, achtsam geschäftig und achtsam eilig zu sein?

A: Menschen, die mit der Achtsamkeitspraxis beginnen, empfinden es als einfacher, dabei langsam zu sein. Doch wenn Sie darin fortgeschrittener sind, können Sie die Dinge auch schneller tun. Stellen Sie nur sicher, dass Sie achtsam sind. Sie können achtsam gehen, Sie können aber auch achtsam laufen. Es ist auch eine Sache der Planung. Wir sollten uns daran gewöhnen, so zu planen, dass wir genug Zeit für alles haben und uns nicht zu hetzen brauchen. Angenommen, Sie müssen um zehn Uhr am Flughafen sein. Planen Sie so, dass Sie genügend Zeit haben, nehmen Sie sich nach Möglichkeit noch eine zusätzliche Stunde, um das Vergnügen einer Gehmeditation am Flughafen zu haben. Sitzen Sie im Auto, sollten Sie, statt an Ihr Ziel zu denken, jeden Moment der Fahrt genießen. Bereiten Sie Ihr Frühstück vor, so machen Sie aus den Frühstücksvorbereitungen eine Meditationssitzung, eine Achtsamkeitsübung. Versuchen Sie, nicht daran zu denken, was Sie wohl nach dem Frühstück tun werden. Genießen Sie jeden Augenblick und erfreuen Sie so Ihre ganze Familie. Das Geheimnis liegt darin, ganz im Hier und Jetzt zu verweilen und in diesem Moment glücklich zu sein.

Natürlich haben wir alle viel zu tun, selbst Mönche und Nonnen haben viel zu tun. Doch wir haben gelernt, alles mit

Freude zu tun und nicht die Dinge, die wir tun, als harte Arbeit zu begreifen. Diese Kunst sollten wir kultivieren und wir alle können das. Wissen wir, wie wir weniger konsumieren können, müssen wir nicht mehr so schwer arbeiten, wir brauchen kein höheres Gehalt oder ein teureres Auto, um glücklich zu sein. Sind wir mit der Kunst des einfachen Lebens vertraut, dann haben wir viel mehr Zeit, glücklich zu leben und anderen Menschen zu helfen.

F: Ich habe an meiner Arbeitsstelle versucht, liebevolles Sprechen und Zuhören zu praktizieren, aber meine Kolleginnen und Kollegen haben darauf mit viel Zynismus reagiert.

A: Geduld ist ein Teil des Mitgefühls. Mit wahrhaftem Mitgefühl haben wir die Fähigkeit, zu warten und geduldig zu sein. Menschen reagieren mit Zynismus und Verdächtigungen, weil sie in der Vergangenheit mit negativen Situationen konfrontiert waren. Sie vertrauen nicht leicht. Sie haben nicht genügend Verständnis und Liebe empfangen. Sie mutmaßen, dass es keine authentische Liebe, kein wahres Mitgefühl ist, was wir ihnen schenken. Selbst wenn wir ihnen tatsächlich Liebe und Verständnis geben, sind sie noch argwöhnisch.

Es gibt viele junge Menschen, die in ihren Familien kein Verständnis und keine Liebe empfangen haben. Sie sehen nichts als schön, wahr und gut an. Sie ziehen umher auf der Suche nach etwas, dem sie glauben können. Sie sind wie hungrige Geister. In der buddhistischen Tradition beschreiben wir hungrige Geister als Wesen mit dicken Bäuchen und einer sehr winzigen Kehle, so dünn wie eine Nadel. Sie sind ausgehungert, doch ihre Fähigkeit, Nahrung aufzunehmen, ist sehr

begrenzt. Hungrige Geister hungern nach Liebe und Verständnis, doch sie können sie kaum aufnehmen. Sie müssen ihnen helfen, ihre Kehle wieder auf eine normale Größe zu bringen, bevor sie die Nahrung, die Sie ihnen bieten, schlucken können. Das erfordert Geduld, fortgesetzte liebende Güte und Verständnis. Es braucht Zeit, ihr Vertrauen zu gewinnen. Vorher werden Sie ihnen nicht helfen können. Sie sollten aber Ihre Praxis fortsetzen, auch wenn andere Ihnen mit Zynismus oder Argwohn begegnen; Sie müssen geduldig sein.

F: Gibt es etwas, das ganz normale Menschen täglich tun können und das sie dem Glück näher bringt.

A: Gehmeditation ist etwas, das jeder tun kann. Einige unter uns finden es schwierig, Sitzmeditation zu praktizieren, doch fast alle gehen. Sollten Sie in einem Rollstuhl sitzen, können Sie Rollstuhlmeditation machen. Jeder Mensch, ob er nun in Berlin, New York, Amsterdam, Paris oder Bangkok lebt, kann Gehmeditation genießen. Jedes Mal, wenn Menschen einen achtsamen Schritt machen, stoppen sie ihre Unachtsamkeit, gehen sie zum Leben zurück, berühren für ihre Heilung und Transformation die Wunder des Lebens. Gehmeditation ist sehr angenehm, transformierend und heilend. Bei der Gehmeditation schließen Sie Körper und Geist mit ein. Sie schließen auch den Atem ein. Während Sie dem Atem folgen, kommen Körper und Geist zusammen. Sie werden vollkommen gegenwärtig, vollkommen lebendig, und kommen dem Glück, das Sie suchen, näher.

Zweites Kapitel

Familie, Elternschaft und Beziehungen

F: Wie können wir sicherstellen, dass unser häusliches Leben friedvoll bleibt, auch wenn es die Welt draußen nicht ist?

A: In jedem Haushalt sollte es einen Raum geben, den wir den Atemraum oder Meditationsraum oder die Insel des Friedens nennen können. Viele von uns haben keinen Extraraum oder ein zusätzliches Zimmer dafür. In dem Fall kann sogar eine kleine Zimmerecke als friedvolle Insel fungieren. Jedes Mal, wenn sich Familienmitglieder nicht sicher, stabil oder stark fühlen, können sie zu dieser Insel des Friedens Zuflucht nehmen. Diese Insel muss nicht sehr groß sein und auch nicht mit viel Mobiliar ausgestattet; es reichen ein paar Kissen, eine Glocke und eine Blume. Die Blume repräsentiert Frische, Schönheit und Hoffnung.

Jedes Mal, wenn Ärger oder Enttäuschung Sie durcheinanderbringt, haben Sie das Recht, Zuflucht zu diesem Raum zu nehmen; auch ein Kind hat dieses Recht. Jeder zivilisierte Haushalt sollte über einen solchen Raum verfügen. Das ist Friedensland, ein Ort, an dem man Zuflucht zur Insel des Selbst nehmen kann. In dem Moment, in dem diese »Insel« besteht, werden Sie und andere daraus ihren Nutzen ziehen.

Wenn Sie diesen Raum betreten, haben Sie das Gefühl eines inneren friedvollen Bereichs.

Wenn sich die Eltern streiten und ihrem Kind dadurch viel Kummer bereiten, möchte das Kind diesen Ort der Streitereien vielleicht verlassen und den Atemraum oder die Atemecke aufsuchen. Das Kind kann den Raum betreten, die Glocke einladen und achtsam atmen. Es kann Zuflucht zu dem dort herrschenden Frieden nehmen. Wenn das Kind so vorgeht, hören die Eltern beim Klang der Glocke vielleicht auf zu streiten und spüren den Wunsch des Kindes, nicht zu leiden. So kann also die Praxis eines Einzelnen dem Rest der Familie helfen.

Ist bei einem Paar einer wütend auf den anderen, kann er, um sich zu beruhigen, in diesen Raum gehen, achtsam atmen und dem Klang der Glocke lauschen. Diese Praxis wird sowohl das Kind als auch das Paar inspirieren. Bevor in der Familie alle in den Tag gehen, könnten die Familienmitglieder zusammen ein paar Minuten im Atemraum verbringen, einander achtsam und glücklich betrachten und einander einen guten Tag wünschen. Sie beginnen Ihren Tag gut, wenn Sie zur Ruhe kommen, einander anschauen und jeden Einzelnen als kostbar wertschätzen. Auch vor dem Schlafengehen können Sie als Familie gemeinsam dem Klang der Glocke lauschen und ein- und ausatmen. Und hat die Familie den Wunsch, zusammenzukommen und einander zuzuhören, kann sie diesen friedvollen Ort nutzen, um achtsam zusammenzusitzen und tief den Sorgen und Nöten einzelner Familienangehöriger zuzuhören.

Wenn ein Kind Zuflucht zu diesem Territorium, zu dieser Insel, nimmt, hat der Vater nicht das Recht, ihm dorthin zu folgen und nach ihm zu rufen. Auf diesem Gebiet gibt es so

etwas wie diplomatische Immunität, niemand darf den anderen dann noch beschimpfen oder ihm Fragen stellen.

F: Wie können wir unser Kind dazu erziehen, achtsamer und mitfühlender zu sein?

A: Wenn Eltern in ihrem täglichen Leben Achtsamkeit und Mitgefühl praktizieren, wird das Kind ganz natürlich von ihnen lernen. Wir können dem Kind nicht auftragen, etwas zu tun, wenn wir selbst es nicht einhalten. Wenn ich achtsam gehe und achtsam atme, dann folgen meine Schülerinnen und Schüler mir, gehen achtsam und atmen achtsam. Manchmal muss ich sie sanft mahnen, doch es ist ganz natürlich, dass sie der Praxis folgen, wenn sie einen Älteren praktizieren sehen. Von Zeit zu Zeit führen die Eltern mit ihren Kindern vielleicht ein Gespräch über Achtsamkeit und Mitgefühl und drücken ihren Wunsch aus, dass die Kinder weiter achtsam und mit mehr Mitgefühl leben.

Sprechen Sie in liebevoller Weise, können Sie die guten Samen in Ihren Kindern wässern und sie anregen, so zu handeln, wie Sie es tun. Sie müssen sie weder bestrafen noch beschuldigen. Indem Sie sich in Rechter Rede üben und Ihrer eigenen Praxis folgen, werden Ihre Kinder verstehen und Ihnen folgen.

F: Meine heranwachsende Tochter ist recht ängstlich und schnell aufgebracht. Wie kann ich ihr helfen, ihre aufgewühlten Emotionen zur Ruhe zu bringen?

A: Viele Jugendlichen können nicht mit ihren Emotionen umgehen und leiden sehr. Was Eltern tun können, ist, ihren Kindern zu erklären, dass Emotionen wie ein Sturm sind: Sie kommen auf, bleiben eine Weile und ziehen dann weiter. Wissen wir, wie wir uns in solchen Augenblicken am besten verhalten, können wir die Stürme leichter überstehen.

Die Praxis des tiefen Atmens, des Atmens mit dem Bauch, kann Ihnen helfen, mit starken Emotionen umzugehen. Es ist möglich, dies auch Ihre Tochter zu lehren. Sehen Sie, dass sie in einer Krise ist, setzen Sie sich zu ihr und sagen Sie ihr: »Liebes, nimm meine Hand, lass uns zusammen ein- und ausatmen. Beim Einatmen hebt sich deine Bauchdecke. Siehst du, wie sie sich hebt? Beim Ausatmen senkt sie sich. Lass es uns noch einmal tun. Ein, aus, heben, senken.« Schon nach einigen Minuten wird sie sich viel besser fühlen, weil auch Ihre Achtsamkeit und Stabilität zur Unterstützung Ihrer Tochter beiträgt. Später wird sie dies alleine können. Die Praxis ist nicht schwer. Kinder und Jugendliche können das lernen.

Wir sollten, um mit der Praxis zu beginnen, aber nicht auf starke Stürme warten. Wir sollten sofort beginnen. Wenn Sie dann zwei oder drei Wochen lang jeden Tag für fünf oder zehn Minuten üben, wird die Praxis der tiefen Bauchatmung, in der Sie nicht nachdenken, sondern ganz beim Atmen sind, zur Gewohnheit werden. Und wenn dann eine Emotion hochkommt, wird Ihre Tochter wissen, was zu tun ist. Sie wird sehen, dass sie ihre Emotionen leicht überleben kann.

F: Mein jugendlicher Sohn und ich streiten die ganze Zeit. Wie kann ich diese Kämpfe beenden?

A: Das Erste, was Sie tun können, ist, sich selbst zu betrachten und zu sehen, ob Sie genügend ruhige Energie haben, um ihn zu beruhigen, wenn er in Ihrer Gegenwart ist. Das Problem liegt vielleicht nicht nur im Kind, sondern auch im Elternteil. Sind Vater oder Mutter nicht friedvoll, kann das negative Emotionen im Kind auslösen, besonders wenn negative Samen in ihm gelegt wurden. In der Vergangenheit gab es vielleicht Zeiten, in denen Sie ärgerlich wurden und aus diesem Zustand des Ärgers heraus gehandelt haben – dies hat solche Samen in ihm hinterlassen. Sie müssen das im gegenwärtigen Moment rückgängig machen. Sind Sie liebevoll und ruhig und können Sie wirklich zuhören, dann nimmt das viel Leid. Wenn Sie ihn dazu bringen können, dass er Ihnen von seinen Problemen und Schwierigkeiten berichtet, während Sie tiefes, mitfühlendes Zuhören praktizieren, wird das helfen, jene Energien abzuziehen, die ihm Leid bereiten. Wohnen Ihnen liebende Güte und die Energie des Friedens inne, dann können Sie einen anderen Menschen beeinflussen, auch wenn Sie vielleicht gar nichts sagen, und dieser wird sich neben Ihnen sitzend besser fühlen.

F: Manche Leute sagen, dass erwerbstätige Mütter sich nicht gut um ihre Kinder kümmern. Doch was ist mit Eltern, die zu Hause sind und ihren Kindern dennoch keine große Aufmerksamkeit schenken? Wie können wir unsere Kinder erziehen, während wir in unserem Leben auch noch andere Dinge zu tun haben, die unsere Aufmerksamkeit erfordern?

A: Es sollte keine zu starke Vereinfachung dieses Problems geben; wir können beides tun. Wenn Ihr Kind genügend

Zuneigung von Ihnen erhält, können Sie auch außer Haus arbeiten gehen. Zuneigung ist für die Kommunikation und unser Verstehen unabdingbar. Zuneigung führt zu Liebe und Liebe zu tieferem Verstehen und tieferes Verstehen führt zu größerer Liebe.

Viele Eltern müssen aus finanziellen Gründen aushäusig arbeiten gehen. Vielen macht die Arbeit zudem Freude. Doch es ist auch eine wichtige Arbeit, zu Hause zu bleiben und sich um die Kinder und das Heim zu kümmern und für andere Familienangehörige ein erfrischender, heilender Hafen zu sein. Wir sollten unseren Selbstwert oder den Wert unserer Arbeit nicht nur in Bezug auf ein Gehalt bemessen. Wir alle müssen lernen, so zu leben, dass daraus Festigkeit, Vertrauen, Zuversicht und Freude erwachsen.

Wenn ein Elternteil zu Hause bleibt, aber nicht imstande ist, diese Qualitäten in das häusliche Umfeld einzubringen, dann ist das Zuhausebleiben nichts Positives. Der Elternteil, der arbeiten geht und frisch, liebevoll und lächelnd nach Hause kommt, weiß sich diese Seinsqualitäten zu bewahren. Der Wert unseres Handelns hängt sehr stark vom Wert des Nicht-Handelns ab, vor allem von der Qualität unseres Seins.

F: Ich wurde von meinen Eltern missbraucht und bin noch immer sehr wütend auf sie. Wie kann ich es vermeiden, diese Wut auf meine eigenen Kinder zu übertragen?

A: Wenn Sie ein Opfer von Kindesmissbrauch sind, so praktizieren Sie tiefes Schauen, um zu erkennen, dass Ihre Eltern nicht die Chance hatten, dem Dharma oder einem weisen Lehrer, einer weisen Lehrerin zu begegnen oder gute Freun-

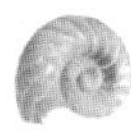

dinnen und Freunde zu haben. Sie sind vielleicht in einer Umgebung aufgewachsen, in der sich die Samen des Missbrauchs manifestieren konnten. In einem besseren Umfeld hätten sie sich möglicherweise anders verhalten. Das gilt für jeden und jede von uns. Nun, da Ihre Eltern diese negativen Samen an Sie weitergegeben haben, Sie aber entschlossen sind, nicht deren Fehler zu wiederholen, werden Sie nicht nur Ihre eigenen Kinder nicht missbrauchen, sondern auch anderen Menschen Ihrer Generation helfen, Kinder zu schützen. Und mit dieser Intention, mit diesem Versprechen werden Sie fähig sein, Ihr Leiden zu heilen und zu transformieren, auch das Leiden, das durch den Missbrauch der Eltern verursacht wurde.

Mit den Augen des Mitgefühls schauen zu lernen ist eine kostbare, wundervolle Lehre. Wissen Sie, wie Sie andere mit den Augen des Mitgefühls betrachten können, werden Sie nicht mehr leiden, und durch Ihre Art des Schauens werden sich die anderen besser fühlen. Das ist eine wundervolle Praxis. Der erste Vers im Praxisbuch für Novizen lautet: »Ich wache heute Morgen auf und lächle. Vierundzwanzig neue Stunden liegen vor mir. Ich gelobe, jeden Augenblick bewusst zu leben und alle Wesen mit den Augen des Mitgefühls zu betrachten.« Sie feiern die vierundzwanzig neuen Stunden und geloben, einen jeden mit den Augen des Mitgefühls anzusehen. Das ist eine schöne Lebensweise.

Mitgefühl erwächst aus Verstehen. Sobald Sie die Lage eines Menschen verstehen, sehen Sie, dass er ein Opfer dieser Umstände ist. Und wenn Sie das erkennen, dann verdammen Sie nicht länger, urteilen nicht mehr oder klagen an. Dieser Mensch braucht keine Strafe. Dieser Mensch braucht Hilfe. Verstehen Sie das, so werden Sie nicht mehr leiden. Sie sind dann imstande, genau das Gegenteil dessen zu tun, was Ihre Eltern getan haben. Das ist eine wundervolle Transformation.

F: Wie können Menschen, die eine schwierige, schmerzvolle Kindheit hatten, ihren Schmerz überwinden und lernen, anderen wieder zu vertrauen?

A: In vielen von uns ist ein inneres verletztes Kind. Sind wir als Kinder tief verletzt worden, so ist es für uns schwer, zu vertrauen und zu lieben und zuzulassen, dass Liebe uns durchdringt. Weil wir immer so geschäftig sind, haben wir auch nicht die Zeit, uns unserem verletzten Kind wieder zuzuwenden, bei ihm zu sein und ihm bei der Heilung zu helfen. Viele von uns haben Angst, zu sich selbst zurückzukehren und mit diesem Kind zu sein. Der Block aus Schmerz und Kummer ist so groß und überwältigend, dass wir vor ihm davonrennen. Doch in dieser Praxis wird uns empfohlen, nach Hause zurückzukehren und uns um unser verletztes Kind zu kümmern, selbst wenn es schwierig ist. Wir brauchen dafür Instruktionen, wie wir das bewerkstelligen können, damit wir nicht von dem inneren Schmerz überwältigt werden. Wir kultivieren dabei die Energie der Achtsamkeit, um dafür stark genug zu sein. Mit dieser Energie können wir zu uns zurückkehren und das verletzte Kind in uns umarmen. Dafür sind das achtsame Gehen, das achtsame Sitzen und das achtsame Atmen entscheidend. Auch die Achtsamkeitsenergie unserer Freundinnen und Freunde kann uns helfen. Vielleicht brauchen wir beim ersten Mal ein oder zwei Freundinnen – besonders solche, die bereits Erfolg mit dieser Praxis hatten –, die neben uns sitzen und uns ihre Unterstützung, ihre Acht-

samkeit und Energie leihen. Wir verbinden die Energie der Freundin, die neben uns sitzt und unsere Hand hält, mit unserer eigenen und wir können so zu uns nach Hause zurückkehren und unser inneres verletztes Kind umarmen.

Sie müssen mehrere Male am Tag mit Ihrem verletzten Kind sprechen. Durch Ihre zärtliche Umarmung versichern Sie dem Kind, dass Sie es niemals mehr vernachlässigen oder allein lassen werden. Mit einer liebevollen Sangha wird diese Praxis einfacher. Für Menschen, die damit erst anfangen, wäre die Übung ohne die Unterstützung von Brüdern und Schwestern wohl zu schwierig. Ihr verletztes Kind repräsentiert vielleicht mehrere Generationen. Möglicherweise hatten auch Ihre Eltern und Großeltern ein inneres verletztes Kind, das sie an Sie weitergegeben haben, da sie nicht wussten, wie sie damit umgehen sollten. Unsere Praxis ist, diesen Teufelskreis zu beenden.

Die Menschen leiden, weil sie nicht von Mitgefühl und Verstehen berührt wurden. Mit der Energie der Achtsamkeit, des Verstehens und des Mitgefühls für unser inneres verletztes Kind werden wir sehr viel weniger leiden. Dann können wir uns öffnen und anderen Menschen erlauben, uns zu lieben. Vorher haben wir jedem und allem misstraut. Mitgefühl hilft uns, uns auf andere einzulassen und die Kommunikation wiederherzustellen.

F: Ich kümmere mich seit einigen Jahren um meine alten Eltern. Ich liebe sie, doch ist es finanziell und physisch eine große Belastung und ich finde es immer schwieriger. Was kann ich tun?

A: Wir kümmern uns um unsere Eltern nicht nur aus Verantwortungs- oder Pflichtgefühl, sondern auch aus Liebe. Bilden Liebe und Dankbarkeit die Grundlage unseres Handelns, werden wir nicht ermüden und fühlen uns nicht verzweifelt. Wesentlich ist also, tief zu schauen, um zu verstehen und um Liebe zur Grundlage unseres Handelns und unserer Fürsorge zu machen, dann werden wir nicht erschöpft oder entmutigt werden. Unseren Eltern zu dienen, sich um sie zu kümmern bedeutet, dass wir uns um uns selbst kümmern.

Es muss aber auch Augenblicke geben, in denen Sie und Ihre Eltern zusammensitzen und miteinander sprechen, um das gegenseitige Verständnis zu fördern und die jeweiligen Grenzen kenntlich zu machen. Durch dieses Verständnis und dieses Mitgefühl wird sich Ihre Lage verändern, sie wird leichter werden. Kümmern Sie sich um Ihr Neugeborenes, dann denken Sie nicht, es sei jemand anders, das Baby sind Sie, Sie selbst. Sie beschweren sich nicht, selbst wenn Sie am Abend lange aufbleiben und in der Nacht mehrere Male aufstehen müssen. Denn Sie sind voller Liebe, Sie wissen, dass Sie und Ihr Kind eins sind. Können wir das so sehen und uns entsprechend verhalten, haben wir viel mehr Energie, um weiterzumachen.

F: Eine Liebesbeziehung sollte aus zwei gleichberechtigten Partnern bestehen. Wie können wir dafür sorgen, dass der Stärkere der beiden den Schwächeren nicht dominiert und ihn sich einverleibt?

A: Sobald das Konzept »eins« auftaucht, taucht auch das Konzept »zwei« auf. Wie bei rechts und links. Die Wirklichkeit

sollte die Konzepte von eins und zwei transzendieren. Wenn Sie die Lehren in die Praxis umsetzen, werden Sie selbst eine Antwort auf Ihre Frage finden. Grundlage der Praxis ist Gleichmut, der sich aus der Weisheit der Unvoreingenommenheit und Nicht-Unterscheidung speist.

Die rechte Hand sagt der linken nie, dass sie zu nichts gut ist. Die rechte diskriminiert die linke nicht oder ist stolz auf sich selbst, denn sie weiß genau, dass sie eins oder »nicht-zwei« mit der linken Hand ist. Jedes Mal, wenn die linke Hand Hilfe braucht, kümmert sich die rechte darum, ohne darauf zu bestehen, sie sei die bessere, stärkere Hand. Es ist möglich eine Beziehung auf der Grundlage von Unvoreingenommenheit und Nicht-Unterscheidung zu führen. Wenn wir so miteinander leben, dann gibt es keine stärkere oder schwächere Person, niemand nutzt den anderen aus. Gibt es da die Neigung, die andere auszunutzen, bedeutet das, dass die Weisheit der Unvoreingenommenheit und Nicht-Unterscheidung noch nicht gegenwärtig ist.

F: Ich übe mich im mitfühlenden Zuhören, doch es ist sehr schwierig, Menschen zuzuhören, die lärmen und pausenlos reden. Wie lange sollte man da mitfühlendes Zuhören praktizieren?

A: Viele Menschen scheinen unentwegt reden zu müssen. Das ist für sie eine Gewohnheit geworden. Obwohl ihre Freunde es schon gehört haben mögen, wiederholen sie fortwährend die gleichen Dinge. Die wahre Praxis des tiefen Zuhörens kann Menschen helfen, Dinge zu sagen, die sie noch niemals zuvor gesagt haben. Wenn man von jemandem gehört wird, der wirklich tief zuzuhören vermag, so ist das eine ungemein kostbare Gelegenheit, die für Menschen sehr trostreich sein kann. Doch in diesem Fall ist tiefes Zuhören nicht hilfreich, weil der andere nichts Neues sagt; er wiederholt sich nur. Und dieses Immergleiche wässert die negativen Samen in ihm und in uns. Es hilft also niemandem, die Praxis fortzusetzen.

Wir müssen sagen: »Lieber Freund, ich habe gehört, was du sagst. Du musst nicht das Gleiche ständig wiederholen. Du weißt, dass in dir großes Leiden ist. Doch du hattest noch nicht die Gelegenheit, es zu erkennen, es eingehend und tief zu betrachten und die Quelle auszumachen, die dieses Leiden nährt. Darum konntest du es auch noch nicht verwandeln. Darum drückt sich dein Leiden in einer Weise aus, die dir und denen, die um dich sind, Leid bereitet. Die Lösung liegt nicht darin, darüber zu reden, sondern dieses Leiden zu erkennen, die Ursachen herauszufinden, die Art von Nahrung, die dieses Leiden in dir bewirkt hat. Das Leiden erkennen und die Ursache des Leidens abschneiden – das ist unsere Praxis. Und ich möchte dir gern dabei helfen. Ich habe das auch schon bei mir getan und konnte mich selbst befreien. Ich beklage mich nicht mehr, denn ich habe das Leiden in mir erkennen können; ich habe es umarmt und tief betrachtet. Ich habe die Basis, die Wurzeln des Leidens gefunden und mich darin geübt, es nicht weiter zu nähren, um es verwandeln zu können. Ich möchte dir dabei helfen, das Gleiche zu tun, und ich will alles in meiner Macht Stehende tun, um dir zu helfen.« Durch liebevolles Sprechen können wir unsere Freunde ermutigen, mit der Praxis zu beginnen, ihr Leiden zu umarmen, tief in dessen Natur zu schauen und mit der Arbeit der Heilung und Transformation zu beginnen.

F: Meine Schwiegermutter ist sehr kritisch und tadelnd. Ich versuche, ihr gegenüber tolerant zu sein, aber manchmal bin ich doch sehr erbost. Wie kann sich das ändern?

A: Ihre Schwiegermutter ist die Mutter Ihrer Partnerin; das ist sehr wichtig. Ihre Partnerin ist ein Teil von ihr und ihrer Abstammung. Sie sind die Verpflichtung eingegangen, Glück und Leiden Ihrer Partnerin zu teilen, und Ihre Schwiegermutter ist ein Teil davon. Ihre Schwiegermutter kann eine Quelle des Glücks und des Kummers für Sie und Ihre Partnerin sein. Darum muss Ihre Praxis sie umarmen, denn das Glück Ihrer Partnerin hängt sehr vom Glück Ihrer Schwiegereltern ab. Und ist Ihre Partnerin nicht glücklich, wird es auch für Sie schwierig sein, glücklich zu sein. Wenn Sie sich um Ihre Schwiegereltern kümmern, so kümmern Sie sich um sich und Ihre Partnerin.

Sie müssen lernen, auf alles, was zu Ihrer Partnerin gehört, zu achten, denn Ihnen geht es ja um ihr Wohlergehen und ihr Glück. Sie sollten für alles aufmerksam sein und erkennen, was und wer alles mit ihr verbunden ist – dann können Sie sie wirklich glücklich machen.

Wir müssen höflich sein. Besuchen Sie Ihre Schwiegereltern, so grüßen Sie sie höflich, denn sie sind die Eltern Ihrer Frau. Ob Ihre Schwiegermutter nun liebevoll ist oder nicht, so steht Ihr eigenes Verhalten und Ihre Fähigkeit, sie zu respektieren, sie zu umarmen und ihr zu helfen, in Zusammenhang mit Ihrem eigenen und dem Glück Ihrer Partnerin. Die Grenzen werden, wenn Sie tiefer schauen, verschwinden und Sie werden Ihre Schwiegermutter als eine wichtige Vorfahrin Ihrer Partnerin akzeptieren können.

F: Mein Vater und ich hatten eine schwierige Beziehung. Wir konnten nicht miteinander reden oder einander zuhören und jetzt ist er tot. Ist es für uns nun zu spät zur Versöhnung?

A: Ihr Vater ist noch immer da, lebendig in jeder Zelle Ihres Körpers. Sie sind die Fortführung. Er hatte nicht die Gelegenheit, dem Buddhadharma zu begegnen, der Kunst, innen und außen Frieden zu schaffen. Aber er hat das Glück, Sie als seine Fortführung zu haben, und Ihre Transformation wird nicht nur Ihre eigene sein, sondern auch die seine. Er wird von Ihrer Praxis profitieren.

Ihr Vater kann in jedem Augenblick bei Ihnen sein. Atmen Sie achtsam ein und empfinden Sie Freude und Frieden, sagen Sie: »Vater, spürst du die Freude und den Frieden? Wir praktizieren zusammen.« Wenn Sie gehen, gehen Sie auch für Ihren Vater. Das ist eine Praxis der Liebe. Er hat die Buddhanatur in sich, die Fähigkeit zur Freundlichkeit, doch er hatte keine Chance, diese Seite in sich zu entwickeln. Sie helfen ihm nun dabei, diesen Aspekt seines Wesens zu entwickeln.

Das kann durch die Praxis des tiefen Zuhörens geschehen, denn der Vater in Ihnen braucht eine Zuhörerin. Und auch das kleine Mädchen in Ihnen ist noch immer lebendig und möchte, dass man ihm zuhört. Sie brauchen keinen anderen Menschen vor sich, um tief zuzuhören. Sie setzen sich einfach an den Fuß eines Baumes oder ins Gras und hören Ihrem Vater in Ihnen zu und auch dem kleinen Mädchen, das Sie waren. Ihr Zuhören bedeutet sich selbst zuhören. Auch dem Vater zuhören ist sich selbst zuhören. Wenn wir wissen, wie wir wirklich präsent sein können, wie wir den Geist zurück zum Körper bringen und uns vollkommen im Hier und jetzt

gründen können, dann wird die Qualität unseres Zuhörens eine besondere sein. Dieses tiefe Zuhören wird sehr viel Einsicht bewirken, sehr viel Heilung und Transformation. Sie können Ihrem Vater auch einen Brief schreiben: einen konkreten, tiefen, ehrlichen Brief. Das wird zu wahrer Versöhnung führen, denn der Brief ist nicht nur für Ihren Vater; er ist auch für Sie.

F: Ich lebe als Single und das verursacht mir oft großen Schmerz. Ich weiß, dass ich mich glücklich schätzen kann, eine liebevolle Familie und Freundinnen und Freunde zu haben, doch wünsche ich mir noch immer einen Partner, mit dem ich mein Leben teilen kann. Wie kann ich mit diesem Schmerz umgehen, wenn er auftaucht?

A: Wir alle teilen die Angst, dass unser Bedürfnis, zu lieben und geliebt zu werden, nicht erfüllt werden kann. Die Angst, allein zu sein, ist immer da, in jedem und jeder von uns. Wir müssen diese Angst und dieses Bedürfnis in uns erkennen. Die Praxis ist, tief in diese Angst hineinzuschauen. Lieben bedeutet, Verstehen und Trost anzubieten. Verstehen ist die Quelle der Liebe. Wir würden uns schrecklich fühlen, wenn niemand uns verstünde. Und wenn uns jemand nicht versteht, kann er oder sie uns nicht lieben. Liebe ist ohne Verstehen unmöglich. Die Wahrheit ist, dass wir Verstehen brauchen und dass wir Liebe brauchen. Und dass wir nach jemandem Ausschau halten, der uns beides geben kann.

Angenommen, da ist jemand, der oder die fähig ist, uns Liebe und Verstehen zu geben. Dann müssen wir uns die Frage stellen: Sind wir denn selbst imstande, ihm oder ihr

Liebe und Verstehen zu geben? Sind wir in der Lage, die Liebe und das Verstehen zu entwickeln, die wir so sehr brauchen? Wenn wir dazu nicht fähig sind, dann wird nichts passieren.

Die Lehre des Buddha will uns helfen, die Energie der Liebe und des Verstehens zu entwickeln. Vor allem das wird uns helfen, unser Bedürfnis nach Geliebtwerden zu erfüllen. Mit dieser Fähigkeit zu Liebe und Verstehen können wir die Menschen umarmen, die nun mit uns sind. Wir können sie glücklich machen, weil wir selbst glücklich sind. Glück schafft mehr Nahrung, mehr Heilung und mehr Glück.

Die Frage lautet also nicht: Wie können wir Liebe und Verstehen bekommen? Die Frage ist, ob wir selbst Liebe und Verstehen entwickeln können. Wenn ja, dann werden wir uns wunderbar fühlen, denn diese Energien erfüllen uns und die Menschen in unserer Umgebung zur gleichen Zeit. Das ist die Liebe des Buddha. Auch wahre Liebe ist so. Einen Menschen zu lieben gibt uns die Gelegenheit, alle Menschen lieben zu lernen. Verfügen Sie über die Fähigkeit, zu lieben und zu verstehen, können Sie das jetzt tun, Sie müssen nicht warten. Wenn wir darin Erfolg haben, werden sich unsere Sorgen und Ängste auflösen und wir werden uns sofort wunderbar fühlen.

F: Am Ende einer Beziehung halten meine Gefühle von Traurigkeit, Wut und Eifersucht noch für Wochen oder sogar Monate an. Wie kann ich mit diesen schmerzvollen Gefühlen abschließen?

A: Der Bruch einer Beziehung ist ein kollektives Geschehen. Wissen zwei Menschen nicht, wie sie ihre Beziehung hegen

und pflegen können, mit Gefühlen der Wut und Enttäuschung umgehen und liebevolles Sprechen und tiefes Zuhören praktizieren können, dann vermasseln sie leicht ihre Beziehung. Die Folgen sind Angst, Kummer, Bedauern, Wut und Verzweiflung. Wir haben dann die Neigung, diese Gefühle wegzudrängen, denn sie überwältigen uns, wenn wir über die Beziehung nachdenken. Das ist keine Achtsamkeit. Achtsamkeit ist die Praxis des achtsamen Atmens, um genügend Energie zur Verfügung zu haben, sodass wir die Gefühle erkennen, sie umarmen und eins mit ihnen sein können, ohne uns von ihnen überwältigen zu lassen. Sie sind weit mehr als Ihr Kummer, Ihre Wut und Verzweiflung. Es gibt einen Buddha in Ihnen. Sie haben die Fähigkeit, zu lernen, zu verstehen und mitfühlend zu sein. Die Praxis ist, diese heilsamen Energien herbeizurufen und mit unserem Kummer und unserer Traurigkeit zu sitzen. Der Schmerz, den Sie jetzt erfahren, mag Ihre Chance sein, zu lernen, wie man sich eine Zukunft aufbaut. Ihr Kummer und Ihre Wut werden Ihnen viel Weisheit vermitteln. Haben Sie den Mut, tief zu schauen, diese Gefühle zu akzeptieren und zu sagen: »Hallo mein Schmerz, meine Traurigkeit, ich weiß, dass ihr da seid, ich will mich um euch kümmern, ich will euch verstehen und ich will mit euch zusammen lernen.« Auch nur fünfzehn Minuten auf diese Weise verbrachte Zeit kann eine gewisse Heilung bewirken. Haben Sie keine Angst. Sie haben Ihre eigene Traurigkeit geschaffen; sie können nun damit beginnen, Ihre eigene Freude zu schaffen.

F: Warum haben wir die herausforderndsten Beziehungen zu den Menschen, die uns am nächsten stehen?

A: Weil wir mit ihnen vierundzwanzig Stunden am Tag zusammen sind. Klar ist, wenn wir mit unserer Familie und unserer Sangha keine glückliche, harmonische Beziehung haben, dann wird es sehr schwierig für uns, anderen zu helfen. Die Praxis, die uns der Buddha gegeben hat, ist sehr genau und klar in Bezug darauf, wie wir selbst in unserem Umgang angenehmer werden können, damit es für andere erfreulicher ist, mit uns zusammen zu sein, und wir anderen helfen können, sich auch zu transformieren. Tatsächlich ist das die grundlegende Übung, die wir auch in unserer Gemeinschaft von Mönchen und Nonnen praktizieren. Wir wissen, dass es falsch wäre, wenn wir Retreats und Meditationspraxis anböten, aber innerhalb unserer Gemeinschaft kein Glück erlebten und nicht genügend Brüderlichkeit und Schwesterlichkeit, die uns nährt. So ist also die Praxis der Transformation unserer selbst und der Transformation unserer Gemeinschaften und unserer Familien die Grundlage von allem.

F: Wie kann ich Menschen vergeben, die mich verletzt haben, ohne ihr Verhalten zu dulden oder sie von der Verantwortung dafür freizusprechen?

A: Heilung geschieht, wenn wir fähig sind, die Energie von Mitgefühl und Verstehen zu entwickeln. Der Lehre des Buddha zufolge gibt es noch eine andere Energie, die zu heilen vermag – das ist das Versprechen, der Wunsch, die Entschlossenheit zu helfen. Schauen wir uns als Opfer aggressiver Handlungen um, sehen wir, dass auch andere Menschen leiden wie wir und ebenfalls Opfer von Missetaten wurden. Und plötzlich entsteht Mitgefühl in uns, und wir geloben, etwas zu

tun, andere Menschen, die zu Opfern zu werden drohen, zu schützen und den Opfern zu helfen, die den Weg der Transformation noch nicht gefunden haben. Finden wir zu diesem Wunsch, diesem Willen, zu helfen und zu heilen, dann werden wir ein Bodhisattva, wir werden von der starken Energie des Bodhisattva, hinauszugehen und zu helfen, durchdrungen.

Tun wir nichts, werden andere vielleicht zu Opfern. Wenn Sie die Energie einer Bodhisattva haben, wenn Sie wirklich etwas tun wollen, wenn Sie Kinder und andere schützen wollen, dann kann diese machtvolle Energie auch die Wunde in Ihnen heilen. Mit der Energie des Mitgefühls und des großen Gelübdes können wir dem Pfad von Samantabhadra, dem Bodhisattva der großen Gelübde, andere zu schützen und zu heilen, folgen. Unser Mitgefühl kann unsere Familie und unsere Gesellschaft umarmen, und es kann vollständige Heilung geschehen.

F: Einige von uns haben in der Vergangenheit schreckliche Dinge getan und leiden unter Schuldgefühlen aufgrund dessen, was wir anderen angetan haben. Ist es möglich, diese Art von Schmerz hinter sich zu lassen?

A: Wir müssen zu Einsicht gelangen. Einsicht ist die Grundlage jeder Art von Praxis. Die Einsicht besteht in der Erkenntnis, dass wir durch unsere Praxis uns nicht nur um die Gegenwart kümmern, sondern ebenfalls für die Vergangenheit und Zukunft Sorge tragen und sie ändern.

Angenommen, Sie hatten gestern einen Gedanken, der Ihrer nicht würdig ist, einen Gedanken, der nicht in Richtung

Verstehen und Mitgefühl geht, und heute bedauern Sie, einen solchen Gedanken geschaffen zu haben. Sie wissen, dass ein solcher Gedanke eine schlechte Wirkung auf Ihren Körper, Ihre physische und mentale Gesundheit und auf die Gesundheit der Welt hatte. Sie bedauern, dass Sie gestern einen solchen Gedanken hatten. Im gegenwärtigen Augenblick verweilend, schaffen Sie einen anderen Gedanken, eine sehr andere Art von Gedanken, einen Gedanken, der auf Verstehen und Mitgefühl zielt. Wissen Sie, wie Sie einen solchen Gedanken schaffen können, wird er den Gedanken von gestern einholen und neutralisieren. Das ist das Gesetz des Karma. Sie können das Karma der Vergangenheit transformieren, indem Sie positives Karma in der Gegenwart schaffen.

Ich traf einen Vietnam-Veteranen, der gestand, dass durch ihn in Vietnam fünf Kinder zu Tode gekommen waren. Nach dem Krieg fand er keinen Frieden. Er konnte niemandem davon erzählen, was er getan hatte. Er konnte es nicht ertragen, unter Kindern zu sein. Er lebte mit seinem Schmerz und seinem Leiden viele Jahre lang. Schließlich kam er zu einem Retreat und spürte unsere Liebe und unser Vertrauen und er fühlte sich schließlich sicher genug, uns zu erzählen, was geschehen war.

Ich sagte: »In Ordnung, Sie haben fünf Kinder getötet. Doch Sie leben noch. Warum schließen Sie sich in dieses Schmerz-Gefängnis ein? Es gibt Kinder, die genau in diesem Augenblick sterben, weil niemand sie zu retten versucht. Sie können jetzt ein oder zwei oder drei Kinder retten. Sind Sie dazu imstande, neutralisieren Sie das, was in der Vergangenheit war. Sie werden zu einem neuen Menschen. Sie mögen fünf Kinder getötet haben, aber Sie können fünfzig retten. Ihr Leben wird das Leben eines Bodhisattva.«

Durch diese Einsicht war der Mann sofort verwandelt. Sein Leben ist heute ein vollkommen anderes. Er legte ein Gelübde ab, sein Leben, seine Zeit und seine Energie für die Rettung von Kindern in der Welt zu verwenden. Entscheidend ist der Augenblick, in dem das Bewusstsein sich wandelt. Von da an wird alles sich wandeln. Darum sollten Sie die Vergangenheit nicht bedauern. Es gibt Dinge, die Sie jetzt, im gegenwärtigen Augenblick, tun können, und Sie können die Vergangenheit neutralisieren und eine gute Zukunft sicherstellen.

F: Wie können wir Familienmitglieder beeinflussen, die nicht an spiritueller Praxis oder spirituellen Lehren interessiert sind und viel Zeit vor dem Fernseher verbringen und ungesunde Sachen essen?

A: Wir können Einsicht und Praxis verkörpern. Versuchen wir aber, unsere Ideen anderen aufzuzwingen, werden wir starken Gegenwind bekommen. Wir sollten nicht predigen oder anderen Vorwürfe machen, wir sollten einfach geschickte Mittel einsetzen, um anderen zu der Erkenntnis zu verhelfen, dass es zu Leiden führt, wenn man Körper und Geist Giftstoffe zuführt. Die Tatsache, dass Sie praktizieren, sich gut um Ihren Geist und Ihren Körper kümmern, dass Sie gesund sind, lächeln, freundlich sind, das ist wie ein lebendiger Dharmavortrag für Sie. Ihre eigene Transformation, Ihr eigener Frieden und Ihre Freude werden für andere eine Inspiration sein, Ihnen zu folgen. Sagen Sie nicht: »Ich praktiziere und du nicht, und deswegen musst du leiden.« Das wird sie nur verärgern. Ihre eigene Transformation und Heilung – das ist der entscheidende Faktor. Ihr Lächeln wird sie ganz unmittelbar etwas über die Praxis erfahren lassen und darüber, was sie verpassen.

F: Was ist der beste Weg, mein Leiden und das Leiden meiner Freundinnen und Freunde, meiner Familie zu lindern?

A: Wir wissen alle, dass Verstehen und Mitgefühl Leiden lindern können. Das ist nicht nur ein Gemeinplatz; wo Verstehen und Mitgefühl sind, da gibt es Trost und Hilfe für uns und andere. Unsere Praxis besteht darin, dieses Verstehen und Mitgefühl lebendig zu halten. So beschäftigt wir auch sein mögen, wenn wir uns die Zeit nehmen und ein bisschen tiefer schauen, können wir immer noch etwas mehr Verstehen und Mitgefühl finden, die wir anderen entgegenbringen können. Zeit ist etwas sehr Kostbares; jede Minute, jede Stunde zählt. Wir wollen keine Zeit verschwenden. Wir wollen die Minuten und Stunden, die uns noch bleiben, gut nutzen. Richten wir unsere Aufmerksamkeit auf das Hier und Jetzt und leben wir einfach, haben wir mehr Zeit, die Dinge zu tun, die wir für wichtig halten. Wir vergeuden unsere Energie nicht durch Nachgrübeln, Sich-Sorgen und indem wir Ruhm, Macht und Reichtum nachjagen.

Glück ist möglich, wenn Sie imstande sind, die Dinge zu tun und zu sein, die Sie tun wollen, die Sie sein wollen. Wenn wir gehen um des Gehens willen, sitzen um des Sitzens willen, wenn wir Tee trinken um des Teetrinken willen, dann tun wir es nicht für etwas anderes oder für jemand anders. Das können sehr angenehme Dinge sein. Das ist die Praxis der Absichtslosigkeit. Handeln Sie so, dann heilen Sie sich und

tragen dazu bei, die Welt zu heilen. Erwachen bedeutet, diese Wahrheit zu sehen – erfahren zu wollen, wie man auf sehr einfache Weise Freude finden kann, tief leben kann. Sie wollen Ihre Zeit nicht mehr verschwenden. Schätzen Sie die Zeit, die Ihnen gegeben ist.

Drittes Kapitel

Spirituelle Praxis

F: Warum ist es so wichtig, sich in Achtsamkeit zu üben?

A: Jeder Mensch ist zur Achtsamkeit fähig. Jeder ist in einem gewissen Ausmaß achtsam. Die Frage ist, wie man noch achtsamer sein kann. Viele Menschen verlieren sich in Sorgen über die Zukunft und Bedauern über die Vergangenheit. Sie verfangen sich in ihren Projekten und Fantasien, und ihr Körper ist nicht mir ihrem Geist verbunden. Ist der Körper aber nicht mit dem Geist vereint, leben wir nicht wirklich. Durch achtsames Gehen und achtsames Atmen bringen wir den Geist zum Körper zurück, sodass wir wahrhaft im Hier und Jetzt gegenwärtig und wahrhaft lebendig sein können. Achtsamkeitspraxis kann eine Art Wiederbelebung sein; plötzlich werden Sie wieder lebendig. Achtsamkeit vergrößert die Konzentration und lässt uns die Dinge tiefer, genauer sehen, lässt uns aufhören, Opfer falscher Wahrnehmungen zu sein. Wir werden für uns und andere weniger Leid schaffen. Wir werden beginnen, Lebensfreude zu kosten und anderen zu helfen, ihr tägliches Leben zu genießen. Wir können andere nicht dazu drängen, sich in Achtsamkeit zu üben, doch wenn wir es tun und dabei glücklich werden, wird dies andere inspirieren, es uns gleichzutun.

F: Ein in den buddhistischen Lehren sehr häufig gebrauchter Begriff ist »tiefes Schauen«. Was ist damit gemeint, tief zu schauen?

A: Tief zu schauen bedeutet, sich des Objektes unserer Konzentration sehr genau bewusst zu sein. Wir nutzen die Energie der Achtsamkeit, um das Objekt zu umarmen und uns darauf zu konzentrieren. Zum tiefen Schauen können wir nicht nur unsere Augen, sondern auch unsere Ohren nutzen. Tiefes Schauen und tiefes Zuhören sind von ihrem Wesen her das Gleiche. Wir können uns und anderen mit unseren Ohren zuhören, und dies wird zu einem besseren Verstehen und mehr Einsicht führen. Wir alle haben Augen und Ohren, doch ohne sie durch die Energie der Achtsamkeit zu ermächtigen, können wir nicht tiefes Schauen und tiefes Zuhören praktizieren.

Selbst mit geschlossenen Augen und Ohren können wir tief schauen. Wir brauchen keine Augen oder Ohren, um tief in die Natur unserer Einatmung zu schauen; wenn die Achtsamkeit in unserem Geistbewusstsein gegenwärtig ist, erledigt sie die Arbeit des tiefen Schauens. Manchmal können wir dafür sogar das Denken nutzen. In vielen Fällen führt uns das Denken in die Irre, und wir verlieren uns. Doch wenn wir mit unseren Gedanken umzugehen wissen, dann kann uns das Denken helfen, klarer zu sehen.

Wir alle haben sicher schon die Erfahrung gemacht, dass wir etwas gelesen haben und fälschlicherweise glaubten, wir hätten es verstanden. Doch nachdem wir es erneut gelesen haben oder wieder darauf zurückgekommen sind, erkennen wir, dass wir es nicht wirklich in uns aufgenommen oder verstanden haben. Das gilt auch für das tiefe Schauen. Wir glauben

vielleicht, es sei einfach zu sehen, dass eine Blume vergänglich ist. Wir akzeptieren die Unbeständigkeit, die Vergänglichkeit der Blume. Doch die Wurzel der Unbeständigkeit berühren wir nicht durch unseren Intellekt. In einer viel tieferen Weise müssen Sie die Natur der Unbeständigkeit berühren, um jenseits Ihrer Vorstellung von Unbeständigkeit zur Wurzel dieser Vorstellung zu gelangen. Das ist das Herz einer Praxis, die Einsichtsmeditation oder Tiefes Schauen *(vipashyana)* genannt wird. Um sie erfolgreich auszuführen, müssen Sie Ihre Achtsamkeit und Konzentration kultivieren; sie sind die Kräfte, die ihnen erlauben, tief in die Natur der Dinge vorzudringen.

F: Auf welche Weise nähren wir am besten unser Bodhicitta?

A: Bodhicitta ist der Geist des Liebe, der Wunsch, anderen Trost und Freude zu bringen. Dieser Wunsch ist eine außerordentliche Energiequelle und kann uns lebendiger machen. Wenn wir die Fünf Achtsamkeitsübungen studieren, erkennen wir, dass es sehr energiespendend ist, in Übereinstimmung mit ihnen zu leben.[3] Diese Übungen können uns, unsere Familie, die Gesellschaft zu schützen helfen, sie verhindern Leiden und lassen uns Frieden, Freude und Glück erleben. Ein tiefes Verständnis der Fünf Achtsamkeitsübungen kann Ihnen helfen, ein Instrument der Liebe und des Friedens zu werden.

Für mich sind die Fünf Achtsamkeitsübungen das Wesen eines Bodhisattva. Ein Bodhisattva ist ein Lebewesen, das von

3 Siehe S. 143 ff.

dem Wunsch beseelt ist, anderen Menschen bei ihrem Erwachen zu helfen, ihr Leid zu lindern und ihnen Glück zu bringen. Wir werden Bodhisattvas, wenn wir die Fünf Achtsamkeitsübungen empfangen und entschlossen sind, ihnen gemäß zu leben; wir leben dann nicht mehr nur für uns, sondern auch für das Wohlergehen anderer; unser Leben ist eine Energiequelle für ihr Glück.

Wenn Sie den tiefen Wunsch haben, so zu leben, dann wird er sich in Ihrer Art und Weise, Dinge zu tun und zu betrachten, zeigen. Ihr Wunsch zeigt sich dann in Ihrem Lächeln und in Ihrem Gehen, denn Sie werden viel Energie haben. Sie werden keine Angst mehr vor Not und Leid haben, denn Ihr Herz ist groß genug, all dies zu umarmen. Sie werden nicht mehr die Neigung haben, etwas ausschließen zu wollen. Sie möchten nur noch die ganze Welt umarmen. Und jede tägliche Praxis – Gehen, Sitzen, Lächeln und Atmen – wird Sie in Richtung Bodhicitta führen.

F: Wenn wir über Unbeständigkeit kontemplieren, schließen wir dann in unsere Betrachtung die Phänomene von Raum und Zeit ein?

A: Wenn wir die Natur der Unbeständigkeit berühren, berühren wir auch die Natur des Interseins, der wechselseitigen Verbundenheit und Verwobenheit allen Seins. Unbeständigkeit macht das Leben erst möglich. Unbeständig zu sein bedeutet, nicht in zwei aufeinanderfolgenden Momenten das Gleiche zu sein. Immer kommt etwas hinzu und etwas fällt weg, Input und Output. Jedes Phänomen interagiert mit allen anderen; darum bedeutet die Unbeständigkeit berühren auch Intersein

berühren. Intersein bedeutet, dass Sie keine eigenständige, von anderen abgetrennte Existenz haben, Sie *inter-sind* mit allen anderen Phänomenen.

Wenn wir Raum betrachten, wissen wir, dass Raum nicht nur aus sich selbst heraus Raum sein kann. Raum muss mit Zeit und Materie, mit allem *inter-sein.* Schauen wir in die Natur von Raum, dann berühren wir auch die Natur von Unbeständigkeit und Intersein, und wir können alles in Raum sehen. Wir können Materie in Raum sehen, wir können Zeit in Raum sehen. Lassen Sie uns über den Frühling sprechen. Was ist Frühling? Frühling klingt nach Zeit – auf den Frühling folgt der Sommer, dann der Herbst und der Winter –, doch ist Frühling auch sehr mit Raum verbunden, denn wenn es in Nordamerika Frühling ist, ist in Australien kein Frühling. Wir sehen also, dass in Raum Zeit ist und in Zeit Raum. Auch das, was wir den »gegenwärtigen Moment« nennen, kann nicht aus sich selbst heraus sein. Der gegenwärtige Moment muss mit vergangenen und zukünftigen Momenten sein.

Betrachten Sie die Sonne am Morgen – da wo ich sitze, kann ich immer den Sonnenaufgang sehen –, dann glauben Sie vielleicht, sie sähen die Sonne des gegenwärtigen Moments, doch die Wissenschaftler sagen uns, es sei die Sonne vor acht Minuten. Das Bild der Sonne, das Sie sehen, ist ein Bild, das Ihnen die Sonne vor acht Minuten gesandt hat. Auch der gegenwärtige Moment hat also etwas mit Raum zu tun, nicht nur mit Zeit. Doch selbst wenn Sie wissen, dass dies das Bild der Sonne vor acht Minuten ist, können Sie im gegenwärtigen Moment leben. Der gegenwärtige Moment hat mit dem Hier und Jetzt zu tun, und deshalb sind Raum und Zeit keine eigenständigen Dinge, betrachten wir das eine, sehen wir alles. Einsicht in Intersein hilft uns, die Natur des Nicht-Selbst und die Natur der Unbeständigkeit besser zu verstehen.

Viele Lehrer und Philosophen wie Heraklit und Konfuzius haben über Unbeständigkeit gesprochen. Doch die Unbeständigkeit, von der der Buddha sprach, ist nichts Philosophisches. Sie ist ein Instrument für unsere Praxis des tiefen Schauens. Nutzen Sie den Schlüssel der Unbeständigkeit, um das Tor zur Wirklichkeit aufzuschließen – zur Natur des Interseins, des Nicht-Selbst, der Leerheit. Darum sollten Sie Unbeständigkeit nicht als eine Vorstellung, eine Theorie oder Philosophie ansehen, sondern als ein Instrument, das uns der Buddha gegeben hat, damit wir tief schauen und die wahre Natur der Wirklichkeit erkennen können.

F: Ich praktiziere seit vielen Jahren allein, finde es aber immer noch schwierig, achtsam zu sein. Ich kann ein paar Wochen lang recht konzentriert sein, doch mein Geist ist schnell aufgewühlt, und immer passiert etwas, das mich stört. Was meinen Sie dazu?

A: Wir müssen praktizieren, *weil* unser Geist aufgewühlt ist. Alle Praktizierenden haben ihr Auf und Ab. Das ist ganz natürlich. Doch wenn Sie eine Gemeinschaft Gleichgesinnter haben, eine Sangha, zu der Sie Zuflucht nehmen können, werden Sie in den Momenten, in denen Sie sich unten fühlen, unterstützt. Die Sangha wird Sie ermutigen und Ihnen wieder auf die Beine helfen.

Zuflucht zur Sangha zu nehmen ist eine entscheidende Angelegenheit. Ohne Sangha werden wir unsere Praxis nicht

lange fortsetzen. Wenn Sie Ihre Sangha verlassen haben, so kehren Sie sofort zu ihr zurück. Waren Sie noch nicht mit einer Sangha in Kontakt, so tun Sie Ihr Möglichstes, eine zu finden.

Jeder und jede von uns kann eine Sangha aufbauen, wo immer wir sind. Überall brauchen Menschen Stabilität, Ruhe und Achtsamkeit. Ein Hindernis mag sein, wenn wir buddhistische Begriffe verwenden wollen. Viele Menschen wollen einfach nur sitzen und nichts tun, sie wollen friedvoll und ruhig werden, achtsam für jeden Moment ihres täglichen Lebens. Wenn es sich als besser erweist, sollten Sie gar keine buddhistischen Begriffe verwenden, verkörpern Sie das Dharma durch Ihr achtsames Leben, seien Sie frisch und kommunikativ. Benutzen Sie am Anfang schon eine buddhistische Sprache, schreckt das die Menschen vielleicht ab und Sie werden keinen Erfolg haben. Hören Sie den Menschen auf tiefe Weise zu, sprechen Sie liebevoll mit ihnen. Dann werden Sie Freunde und Freundinnen gewinnen. Auch Bäume, Flüsse und Berge können Mitglieder Ihrer Sangha sein. Die Luft, die Sie atmen, ist ein Element Ihrer Sangha. Der Pfad, auf dem Sie Gehmeditation machen, ist ein Element Ihrer Sangha. Die Menschen brauchen nicht niederzuknien und die Fünf Achtsamkeitsübungen zu empfangen, um Mitglied Ihrer Sangha zu sein. Das Kind, mit dem Sie sprechen, die Nachbarin, mit der Sie sich anfreunden, können Mitglieder Ihrer Sangha werden. Jeden, den Sie treffen, jede, mit der Sie beruflich zu tun haben, kann ein Mitglied Ihrer Sangha werden. Eine Gruppe von Menschen, mit denen Sie reden, mit denen Sie in Kontakt sind, kann eine Art Sangha sein. Laden Sie Menschen zum Tee ein, sagen Sie aber nicht: »Lasst uns eine Teemeditation zusammen machen.« Sagen Sie lieber: »Lasst uns friedvoll zusammen Tee trinken und uns bewusst sein, dass wir Zeit miteinander verbringen; lasst uns den Tee und unser Zusammensein genießen.« Wenn Sie sich darin üben, auf diese Weise zu sprechen, werden Sie schon bald imstande sein, eine Sangha aufzubauen.

F: Es ist für mich sehr schwierig, mich zu entspannen. Ich bin ruhelos und habe Probleme, beim Meditieren still zu sitzen. Wie kann ich weniger unruhig sein?

A: Viele von uns haben eine starke Energie in sich, die uns immer vorwärtsdrängt. Darum bieten wir die Übungen des Sitzens, Gehens, Essens und Atmens an. Während des Essens genießen wir jeden Bissen, den wir kauen. Gelingt uns das bei einem Bissen, kann es uns auch bei einem zweiten und einem dritten gelingen. Die Übung des Essens hilft uns, uns zu entspannen. So auch die Übung des Gehens. Wenn Sie das Gefühl haben, sich nicht entspannen zu können, dann machen Sie eine Gehmeditation, setzen Sie einen Schritt nach dem anderen. Können Sie einen Schritt machen, der Ihnen Festigkeit und Ruhe bringt, dann können Sie einen weiteren machen. Sind Sie zu aufgewühlt oder ruhelos und wissen Sie nicht, wie Sie mit dieser Energie umgehen sollen, dann sollten Sie diese Energie identifizieren und benennen als »Ruhelosigkeit« oder »Unruhe«. Einatmend sagen Sie: »Ich kenne dich, Energie der Rastlosigkeit.« Nutzen Sie Ihre Ein- und Ausatmung, um sie zu identifizieren und ihr zuzulächeln. Vertrauen Sie der Praxis. Beginnen Sie mit einem Bissen Nahrung, einer Einatmung und einem Schritt. Was immer Sie auch tun, den Boden putzen oder einen Schritt machen,

atmen Sie ein und beanspruchen Sie die Freiheit, Sie selbst zu sein. Dann werden Sie nicht mehr länger ein Opfer der Rastlosigkeit sein.

F: Psychotherapeuten sagen uns, dass wir ein gesundes Selbstwertgefühl haben sollten. Sollte die Stärkung dieses Selbstwertgefühls Teil der buddhistischen Praxis sein?

A: Menschen, die im psychologischen Bereich arbeiten, sprechen oft von diesem Selbstwertgefühl. Doch wo ein Selbst, ein Ich, ist, neigt man dazu, es mit anderen Ichs zu vergleichen. Aus diesem Vergleich stammt die Vorstellung von einem niedrigen Selbstwertgefühl, einem hohem Selbstwertgefühl, von Unterlegenheit, Überlegenheit und Gleichheit. Ein niedriges Selbstwertgefühl wird als nachteilig angesehen. Uns wird gesagt, wir sollten nach größerem Selbstbewusstsein streben. Doch ein hohes Selbstwertgefühl kann auch schädlich sein. Ein Überlegenheitskomplex macht unglücklich. Es ist kein Kompliment zu sagen: »Er ist vollkommen von sich selbst überzeugt.« Jemand, der über eine hohe Selbstachtung verfügt, kann sich und anderen Leid bereiten. Doch auch der Wunsch, gleich zu sein, »so gut« wie jemand anders auch, kann unglücklich machen. Nur der Mensch, der bar eines Selbst ist, ist glücklich; er kennt keine Eifersucht, keinen Hass, keine Wut, denn es gibt kein Ich, das sich vergleicht.

Der Lehre des Buddha zufolge ist das Selbst, das Ich, die Grundlage von Krankheit. Es gibt viele negative Geisteszustände; manifestieren sie sich, schafft das Leiden für uns und andere. Und es gibt viele positive Geisteszustände, die die Qualität unseres Seins verbessern und unsere Konzentration und Einsicht verbessern können. Wir praktizieren, um diese positiven Geisteszustände zu stärken, statt unser »Selbstwertgefühl« zu stärken. Die Achtsamkeitspraxis wird helfen, dass diese Energien sich manifestieren; und Sie werden eine bessere Lebensqualität haben, Sie werden gefestigter sein. Achtsamkeit ist die Energie, die uns hilft, wahrhaft präsent zu sein. Sind Sie wahrhaft präsent, so haben Sie Situationen mehr unter Kontrolle und Sie verfügen über mehr Liebe, Geduld, Verständnis und Mitgefühl. Das stärkt und verbessert Ihre Lebensqualität. Es kann sehr gesund sein, die wahre Natur des Nicht-Selbst zu berühren. Psychotherapie kann von dieser Lehre viel lernen.

F: Wie können wir unsere Praxis vertiefen?

A: Unsere Praxis vertiefen bedeutet, eine authentische Praxis haben und nicht nur einer Form folgen. Ist Ihre Praxis echt, wird sie Ihnen und den Menschen in Ihrer Umgebung Freude, Frieden und Stabilität bringen. Ich bevorzuge den Ausdruck »wahre Praxis«. Diese Praxis sollte angenehm sein. Wahre Praxis kann uns das Leben sofort näher bringen. Üben Sie sich in achtsamem Atmen, werden Sie lebendig, werden Sie wirklich, und das nicht nur beim Sitzen und Gehen, sondern auch beim Bereiten des Frühstücks oder bei jeder anderen Aktivität. Wenn Sie wissen, wie Sie achtsam ein- und ausatmen, während Sie Ihr Frühstück mit einem Lächeln bereiten, werden Sie Freiheit kultivieren – die Freiheit vom Nachdenken über Vergangenes oder vom Sorgen über Zukünftiges – sowie Lebendigkeit, Freude und Mitgefühl. Das ist wahre Praxis und ihre Wirkung kann unmittelbar erfahren werden.

F: Ich bin von morgens in der Früh bis abends spät beschäftigt. Ich bin selten allein. Wie kann ich Zeit und einen Ort finden, um in Stille zu sein?

A: Stille kommt aus unserem Herzen, nicht von außerhalb. Stille bedeutet nicht, nicht zu sprechen und nichts zu tun; sie bedeutet, dass Sie innerlich nicht gestört werden, dass es in Ihrem Inneren kein Reden, kein Geplapper gibt. Sind Sie wahrhaft still, dann können Sie die Stille immer genießen, egal in welcher Situation Sie sich befinden. Es gibt Augenblicke, in denen Sie meinen, still zu sein, und um Sie herum ist alles still, doch in Ihrem Kopf herrscht ein ununterbrochenes Gerede. Das ist keine Stille. Die Übung besteht darin, Stille in all unseren Aktivitäten zu finden.

Lassen Sie uns unsere Denk- und Sichtweise ändern. Wir müssen erkennen, dass Stille aus unserem Herzen kommt und nicht dem Fehlen von Gerede entspringt. Eine Gelegenheit für Sie, Stille zu genießen, ist möglicherweise Ihr Mittagessen; auch wenn andere Leute dabei reden mögen, kann es Ihnen gelingen, innerlich sehr still zu sein. Der Buddha war von Tausenden von Mönchen und Nonnen umgeben. Auch wenn er mit ihnen ging, saß und aß, verweilte er stets in Stille. Der Buddha machte sehr deutlich, dass allein sein, dass in Ruhe sein nicht bedeutet, sich in einen Wald zurückziehen zu müssen. Sie können mit der Sangha leben, auf dem Markplatz sein, und doch genießen Sie die Stille und das Alleinsein.

Alleinsein heißt nicht, dass niemand bei Ihnen ist. Alleinsein bedeutet, dass Sie fest im Hier und Jetzt gegründet sind und Sie dessen gewahr sind, was im gegenwärtigen Moment geschieht. Mit Hilfe Ihrer Achtsamkeit werden Sie sich all Ihrer Gefühle und Wahrnehmungen bewusst. Sie wissen, was um Sie herum in der Sangha geschieht, doch Sie sind immer bei sich, Sie verlieren sich nicht. Das ist die Definition des Buddha von der idealen Praxis des Alleinseins: nicht in der Vergangenheit gefangen sein oder von der Zukunft hinweggezogen werden, sondern immer im Hier und Jetzt sein, Körper und Geist vereint und dessen gewahr, was im gegenwärtigen Moment geschieht. Das ist wahres Alleinsein.

F: Wie können wir tief in unsere Angst vor dem Tod hineinschauen?

A: Wenn wir tief in unsere Angst hineinschauen, sehen wir den Wunsch nach Beständigkeit. Wir haben Angst vor Wandel. Unsere Wut, unsere Angst und Verzweiflung entspringen falschen Wahrnehmungen, unseren Vorstellungen von Sein und Nicht-Sein, Kommen und Gehen, Aufsteigen und Zusammenfallen. Durch tiefes Schauen finden wir heraus, dass diese Vorstellungen nicht auf die Wirklichkeit selbst angewandt werden können. Wir können unsere wahre Natur berühren, wir können die letztendliche Dimension berühren und daraus erwächst Nicht-Angst. Vertrauen wir dieser Einsicht, dass es keine Geburt und keinen Tod gibt, wird Freude in jedem Moment unseres Lebens möglich.

Stellen Sie sich eine Wolke vor, die am Himmel dahinzieht. Die Wolke will sich nicht verändern. Sie hat Angst vor dem Sterben, davor, nichts zu werden, und darum leidet sie. Doch wenn die Wolke tief schaut, wird sie herausfinden, dass eine Wolke unmöglich sterben kann. Eine Wolke kann sich in Regen oder Schnee oder Eis verwandeln, eine Wolke kann nicht nichts werden. Das ist unmöglich. Hat die Wolke zu

ihrer Natur gefunden, der Natur von Nicht-Tod, verliert sie ihre Angst. Sie versteht, dass es wundervoll ist, als Wolke am Himmel dahinzuziehen, doch dass es ebenso wundervoll ist, Regen oder Schnee zu sein, der auf die Erde herabfällt. Dann ist sie nicht länger ein Opfer ihrer Angst, denn sie hat tief praktiziert und ihre Natur der Todlosigkeit berührt. Nichts kann sterben. Sein kann nicht auf Nicht-Sein reduziert werden. Leben ist ein Wandlungsprozess. Ohne Wandel ist Leben nicht möglich. Wenn Sie das mit Freude annehmen, gibt es keine Angst. Das ist die Praxis des tiefen Schauens.

F: Ich habe Angst, meine Mutter zu verlieren oder andere mir nahestehende Menschen. Wie kann ich diese Angst transformieren?

A: Wir können im tiefen Schauen erkennen, dass unsere Mutter nicht nur außerhalb von uns ist, sondern auch in uns. Unser Mutter und unser Vater sind in jeder Zelle unseres Körpers gegenwärtig. Wir nehmen sie mit in die Zukunft. Wir können lernen, mit Vater und Mutter in uns zu sprechen. Ich spreche oft mit meiner Mutter, meinem Vater und meinen Vorfahren in mir. Ich weiß, dass ich nur ihre Fortführung bin. Mit Hilfe dieser Einsicht wissen Sie, dass Ihre Mutter selbst nach Auflösung ihres Körpers weiterhin in Ihnen ist, besonders in den von ihr geschaffenen Energien in Bezug auf Denken, Sprechen und Handeln. Im Buddhismus nennen wir diese Energie Karma. Karma bedeutet Handlung, die dreifache Handlung von Denken, Sprechen und Tun.

Schauen Sie tief, so werden Sie die Fortführung Ihrer Mutter bereits jetzt in Ihrem Innern und außerhalb von Ihnen

erkennen können. Jeder ihrer Gedanken, jedes ihrer Worte und jede ihrer Handlungen setzt sich mit oder ohne Präsenz ihres Körpers fort. Sie müssen Ihre Mutter tiefer sehen. Sie ist nicht auf ihren Körper beschränkt, so wie Sie auch nicht auf Ihren Körper beschränkt sind. Es ist sehr wichtig, das zu verstehen. Das ist das Wunder buddhistischer Meditation – durch die Praxis des tiefen Schauens können Sie Ihre Natur von Nicht-Tod, Nicht-Geburt berühren. Sie berühren die Natur von Nicht-Tod, Nicht-Geburt Ihres Vaters, Ihrer Mutter, Ihres Kindes, von allem, das Sie umgibt. Nur diese Einsicht kann die Angst mindern, und wir können sie schließlich ablegen.

F: Was ist Sinn und Zweck buddhistischer Retreats? Warum reicht es nicht, ein Buch über Buddhismus zu lesen?

A: Der Sinn eines Retreats liegt nicht darin, Sie in buddhistischer Psychologie zu unterweisen oder in einem bestimmten Sutra. Dafür können Sie ein Buch kaufen und lesen. Der Sinn eines Retreats ist es, Ihnen zu helfen, Ihre inneren Knoten zu lösen. Es gibt zwei Arten von Knoten. Einer besteht aus unseren Ideen und Vorstellungen. Jeder hat Ideen und Vorstellungen, und wir haften an ihnen, wir sind nicht frei und haben von daher keine Chance, die Wahrheit des Lebens zu berühren. Der zweite Knoten sind Geistessplagen wie Angst, Wut, Voreingenommenheit, Verzweiflung und Arroganz. Sie alle sollten wir aus dem Weg räumen, um frei zu sein. Das, was Sie auf einem Retreat tun: gehen, sitzen, atmen und einem Dharmavortrag zuhören, soll Ihnen helfen, diese beiden Knoten zu lösen.

Diese Knoten sind tief in unserem Geist, in unserem Bewusstsein verankert. Sie binden uns und drängen uns, Dinge zu tun, die wir nicht tun wollen, Dinge zu sagen, die wir nicht sagen wollen. Der Sinn eines Dharmavortrags, den Sie während eines Retreats hören, ist nicht, Ihnen noch mehr Ideen und Vorstellungen zu geben, sondern Ihnen zu helfen, die Ideen und Vorstellungen loszulassen. Der Vortrag sollte wie Regen sein, der die Samen der Weisheit und Freiheit in Ihnen berührt. Darum müssen wir das richtige Zuhören lernen. Wir hören nicht auf die Worte. Wir hören zu, um von allen Vorstellungen und Konzepten frei zu werden. Wenn Sie dann zu Hause alles, was auf dem Retreat gesagt wurde, vergessen haben, ist das ein gutes Zeichen. Sie brauchen sich an nichts mehr zu erinnern. Sie sollten ganz frei wieder nach Hause gehen. Wir sind aus der Schulzeit gewöhnt, Hausaufgaben machen zu müssen, die es erforderten, dass wir uns an vieles erinnerten – Worte, Vorstellungen und Konzepte –, und wir meinen, diese Art Gepäck sei für unser Leben sehr nützlich. Doch für die Praxis ist dieses Gepäck eine Bürde. Der Sinn und Zweck eines Retreats ist es also, uns dabei zu helfen, uns von der Bürde des Wissens, der Vorstellungen und Konzepte zu befreien und von der Bürde der Kümmernisse, der Wut und Verzweiflung.

F: Wie ist die Beziehung zwischen Meditation und Gebet?

A: Im Geiste des Buddhismus kann alles, was Sie mit Achtsamkeit, Konzentration und Einsicht tun, als Gebet angesehen werden. Wenn Sie unachtsam Ihren Tee trinken, sind Sie nicht wirklich lebendig, weil Sie nicht wirklich da sind, Sie sind nicht achtsam und nicht gesammelt. Das ist dann kein Augenblick der Praxis. Halten Sie dagegen achtsam die Teeschale und trinken Sie Ihren Tee in Achtsamkeit und Konzentration, ist das, als vollzögen Sie ein heiliges Ritual – und das ist ein Gebet. Genießen Sie beim Gehen jeden Schritt, nährt und transformiert jeder Schritt Sie – dann ist jeder Schritt ein Gebet. Wenn Sie in Freiheit und gefestigt sitzen, wenn Sie achtsam ein- und ausatmen, wenn Sie die Wunder des Lebens berühren – dann ist das Meditation, dann ist das Gebet. In der Lehre, der Praxis und Tradition des Buddhismus gibt es eigentlich keinen Unterschied zwischen Meditation und Gebet. Sind Sie achtsam und konzentriert, verfügen Sie über Einsicht, dann gelangen Sie mit dem Buddha, mit der Sangha in Berührung. Wenn Sie wirklich beten, gelangen Sie mit Jesus, mit dem Reich Gottes in Berührung, und diese Berührung muss Transformation und Heilung bewirken. Mit Achtsamkeit, Konzentration und Einsicht gibt es keine Unterscheidung zwischen dem, der betet, und den, an den wir unser Gebet richten. Unsere christlichen und jüdischen Freundinnen und Freude sagen: »Lebe jeden Augenblick in der Gegenwart Gottes.« Wenn Sie mit Achtsamkeit, Konzentration und Einsicht leben, leben Sie immer in der Gegenwart Gottes, und Ihr tägliches Leben wird zum Gebet. Diese Lebenshaltung wird sehr viel Glück und Frieden mit sich bringen.

F: Wie können wir es vermeiden, in eine Routine zu verfallen, wenn wir einen Text rezitieren oder singen oder wenn wir beten? Wie können wir vermeiden, die Worte zu sprechen, ohne mit unserer Aufmerksamkeit dabei zu sein?

A: Wenn Sie rezitieren oder singen, muss Ihr gesamter Körper und Ihr gesamter Geist daran beteiligt sein. Dann sind Sie konzentriert, dann sind Sie achtsam und werden eins mit der Sangha. Sie existieren nicht als ein einzelner Tropfen Wasser; Sie werden zum Fluss der Sangha. Der Geist sollte stets beim Körper sein. Darum kann achtsames Atmen als eine Art Gebetspraxis angesehen werden. Sie beten mit Ihren Füßen, wenn Sie achtsam gehen, und Sie berühren dabei das Reich Gottes, das Reine Land des Buddha. Sie können die Wirksamkeit des Gebets unmittelbar erfahren.

Atmen Sie achtsam ein und aus, so ist das wirkliches Atmen. Körper und Geist sind vereint. Es wäre schade, würden wir nur mit den Lippen beten und etwas rezitieren, während unser Geist in die Vergangenheit oder in die Zukunft wandert. Dann beten Sie nicht wirklich, denn Sie sind nicht achtsam, Sie sind nicht gesammelt, Sie sind nicht gegenwärtig und können dann keine Einsicht entwickeln. Sie beten, wenn Geist und Körper vereint sind, nicht, wenn Sie nur Ihre Hände zusammenlegen und mit dem Mund etwas rezitieren oder singen. Wir dürfen nicht in die Falle geraten, nur der Form nach zu praktizieren. Diese Falle existiert überall, im Buddhismus, im Christentum, in jeder Religion. So zu praktizieren ist nicht wirkungsvoll.

Ich erinnere unsere Sangha manchmal vor gemeinsamen Mahlzeiten: »Lasst uns so atmen, dass aus vielen Menschen einer wird.« Dann hat jedes Sanghamitglied die Chance, wirklich zu praktizieren und nicht nur der Form Genüge zu tun. Wenn wir uns vor dem Altar als Teil einer Zeremonie verbeugen, können wir folgenden Vers sprechen: »Derjenige, der sich verbeugt, und derjenige, vor dem sich verbeugt wird, sind nicht getrennt, darum ist die Kommunikation zwischen ihnen vollkommen.« Wir alle brauchen die verschiedensten Gedächtnishilfen, damit wir nicht der Versuchung erliegen, nur formal zu praktizieren. Wir müssen geschickt darin sein, unsere Praxis lebendig zu halten.

F: Sollten Christen, die sich vom Buddhismus angezogen fühlen, Buddhisten werden?

A: Die Essenz des Buddhismus ist Achtsamkeit, Konzentration und Einsicht. Es gibt Christen, die achtsam, konzentriert und voller Einsicht sind, und sie sind bereits Buddhisten, sie brauchen nicht das Etikett »Buddhist« oder »Buddhistin« zu tragen. Haben sie den Wunsch, die Drei Zufluchten oder die Fünf Achtsamkeitsübungen zu empfangen, so wissen sie, dass diese Praxis auch ihren christlichen Glauben stärkt. Wenn Christen in ein buddhistisches Praxiszentrum kommen, lernen sie dort Übungsmethoden kennen, die ihnen helfen, Achtsamkeit, Konzentration und Einsicht zu entwickeln. Wenn eine Christin die buddhistische Praxis richtig erfasst, wird sie niemals von ihrem christlichen Erbe entwurzelt sein. Buddhistische Praxis wird ihr dann helfen, eine bessere Christin zu sein, doch wird sie auch die Erneuerung des Christentums unterstützen, damit sich auch jüngere Christen angesprochen fühlen. Jede Tradition, auch der Buddhismus, sollte sich im Lichte neuerer Entwicklungen in der Welt immer wieder selbst erneuern.

Wir sollten uns nicht von Äußerlichkeiten täuschen lassen. Es gibt Menschen, die sich selbst Buddhisten nennen, die aber de facto nicht sehr buddhistisch sind, da sie voreingenommen und dogmatisch sind. Sie sind weniger buddhistisch als viele

Christen. Es gibt viele Christen, die sich nicht Buddhisten nennen, doch sind sie viel buddhistischer als diese »Buddhisten«. Wir müssen lernen, auf diese Weise zu sehen. Es gibt genügend Buddhisten, es müssen nicht noch mehr Leute zum Buddhismus konvertieren. Die richtige Haltung ist nicht, Menschen darin zu bestärken, sich von ihrer eigenen Tradition zu entwurzeln. Die richtige Haltung ist, sie zu ermutigen, zu ihrer Tradition zurückzukehren. Mit der buddhistischen Tradition der Achtsamkeit, Konzentration und Einsicht sollten sie in der Lage sein, das zu tun.

Jemand fragte mich einmal: »Wenn Buddha und Jesus sich heutzutage träfen, was würden sie sich zu sagen haben.« Meine Antwort ist, dass Buddha und Jesus Christus sich tagtäglich treffen, überall. Buddhistinnen und Buddhisten sind die Fortführung von Buddha und Christinnen und Christen sind die Fortführung von Jesus; und sie treffen sich heute bereits überall. Wir sollten ihnen dabei helfen, ihre Begegnung erfolgreich zu gestalten.

F: Was meinen Sie damit, wenn Sie sagen, dass wir zu unserer religiösen Tradition zurückkehren sollten? Wie können wir das tun, weiterhin aber auch den Buddhismus studieren und praktizieren?

A: Als Buddhist wissen Sie, dass der Buddha eine Wurzel ist, doch Ihnen ist auch bewusst, dass auch der Buddha Wurzeln hatte. Ihre Wurzeln beginnen also nicht mit dem Buddha. Es ist wichtig, über den Buddha und die Vorfahren des Buddha zu forschen. Sind Sie Christin, ist Jesus Christus Ihre spirituelle Wurzel, doch vor dem Christentum gab es noch andere

Traditionen. Deshalb ist es sehr interessant und inspirierend, unsere Wurzeln zu erforschen. Unsere Wurzeln können sehr alt und sie können sehr neu sein. Wir sind Erben von Freiheit und Demokratie. Die Menschen, die es uns ermöglichten, uns an Freiheit und Demokratie zu erfreuen, sind auch unsere Wurzeln. Natürlich werden wir auch negativen Aspekten und Elementen begegnen, doch das hindert uns nicht daran, zu unseren eigenen Quellen zurückzukehren. Unsere Wurzeln sind auch die Wurzeln vieler Menschen in unserem Umfeld. Ein Mensch ohne Wurzeln, ein entwurzelter Mensch, kann nicht glücklich sein. Können wir uns unserer eigenen Tradition zuwenden und versuchen, ihre wahren Werte zu entdecken, die Juwelen dieser Tradition, dann kann das vielen Menschen mit denselben Wurzeln zugute kommen.

Wenn ich sage, Sie sollten zu Ihren Wurzeln zurückkehren, bedeutet das nicht, dass Sie die buddhistische Praxis, an der Sie sich jetzt erfreuen, aufgeben sollten. Die buddhistische Praxis wird Ihnen helfen, tiefer zu verstehen, sodass Ihre Arbeit der Transformation und die Erneuerung Ihrer eigenen Tradition möglich werden. So kann sich Ihr Herz öffnen, und Sie können die Menschen umarmen, die nicht offen und verständnisvoll genug zu sein scheinen, wenn sie ihre Tradition an die jüngeren Generationen weitergeben.

Es ist uns möglich, verschiedene spirituelle Wurzeln zu haben. Für mich gehören Buddhismus, Christentum und Judentum, überhaupt alle Religionen zum spirituellen Erbe der Menschheit. Wir können von all diesen Traditionen profitieren. Wir sollten uns nicht auf nur eine Tradition beschränken. Mögen Sie Mangos, sind Sie frei, weiterhin Mangos zu essen, doch verbietet Ihnen niemand, Ananas und Orangen zu essen. Sie betrügen Ihre Mango nicht, wenn Sie eine Ana-

nas essen. Es wäre sehr engstirnig, nur Mangos zu essen, wo es doch so viele verschiedene Früchte auf der Welt gibt. Spirituelle Traditionen sind wie spirituelle Früchte, und Sie haben das Recht, sich an ihnen zu erfreuen. Es ist möglich, an zwei Traditionen Freude zu finden, das Beste aus zwei Traditionen zu nehmen und damit zu leben. Das stelle ich mir für die Zukunft vor: dass wir die Schranken zwischen den verschiedenen spirituellen Traditionen entfernen.

F: Wenn Sie sagen, dass wir unsere spirituellen Traditionen erneuern sollten, was meinen Sie damit?

A: Unsere spirituelle Tradition sollte eine lebendige Tradition sein, wie ein Baum. Sie sollte neue Zweige und Äste, Blätter, Blüten und Früchte hervorbringen. Sie sollte lebendige Wirklichkeit sein, nicht etwas Museales. Ein solches Wachstum entsteht durch unsere Praxis, die Praxis unserer Lehrerinnen und Lehrer und die Praxis der Gemeinschaft. Praktizieren wir nicht, wird unsere Tradition nur etwas bewahren, das nicht sehr lebendig ist; sie wird nur den Anschein einer Tradition wahren, einer Tradition, der es an tatsächlicher Lebendigkeit mangelt.

Haben Sie Pflaumenbäume gepflanzt, so müssen Sie sie jährlich beschneiden und alle Zweige entfernen, die dem Baum Nährstoffe entziehen, ohne Blüten und Früchte auszubilden. Sie müssen jedem Zweig des Baumes dabei helfen, genügend Sonnenlicht zu bekommen. Eine Tradition ist wie ein Obstbaum. Wir müssen uns um ihn kümmern und ihn wenn nötig beschneiden. Das, was nicht länger von Bedeutung ist, sollte entfernt werden. Wir wollen die besten

Bestandteile der Tradition bewahren und sie so interpretieren, dass junge Menschen die Werte und Qualitäten der Tradition verstehen können und erkennen, wie kostbar sie ist. Wir brauchen dazu Mut, wir müssen akzeptieren, dass es der Beschneidung bedarf, damit die Tradition gesund bleiben kann, denn die Neigung zur Korruption ist in jeder Religion gegeben, auch im Buddhismus. Indem wir die Äste des Baumes beschneiden und mit Liebe und Sorgfalt ausrichten, helfen wir dem Baum dabei, schöner und gesünder zu werden und mehr Blüten und Früchte hervorzubringen.

F: Meine Eltern sind fundamentalistische Christen. Sie verstehen den Buddhismus nicht und sagen, dass meine Frau, meine Kinder und ich in die Hölle kommen, weil wir ihren Gott nicht akzeptieren. Wie kann ich mit ihnen kommunizieren?

A: Wenn Sie Gott als jemanden ansehen, der zu Gewalt und Bestrafung, aber nicht zu Vergebung und Toleranz fähig ist, dann haben Sie eine falsche Vorstellung von Gott; dann haben Sie Gott entstellt. Einige Fundamentalisten glauben, es gebe Feinde Gottes, die vernichtet werden müssten. Sie erkennen nicht, dass ihre Sicht mit Intoleranz und dem Wunsch zu bestrafen verknüpft ist. Für Gott gibt es keine Feinde.

Es gibt Fundamentalisten, die ihre Sicht zu ändern vermögen, wenn wir im Umgang mit ihnen liebevolles Sprechen und Geduld zu nutzen wissen. Wechselseitiges Verständnis ist die Grundlage wahren Friedens. Helfen Sie Ihren Eltern, den Inhalt und nicht das Etikett zu sehen. Sie können ihnen sagen, dass Buddhist sein bedeutet, das Leben zu schützen,

sich in Großzügigkeit zu üben, die Sicherheit und Integrität von Erwachsenen und Kindern zu schützen, sich sexuellen Fehlverhaltens zu enthalten, tiefes Zuhören und liebevolles Sprechen zu praktizieren und sich dem Konsum der vielen Gifte, die in unserer Gesellschaft verfügbar sind, zu verweigern. So können wir buddhistische Praxis beschreiben. Mit einem unvoreingenommenen Geist können Sie Ihren Eltern helfen, ihre enge Sicht aufzugeben. Wir sollten aber nicht verdammen und angreifen. Wir sollten ihnen durch liebevolle Worte zu erkennen helfen, dass ihr Gott ein bisschen zu klein und begrenzt ist.

An einem Achtsamkeitsretreat von mir nahmen einmal fünf katholische Nonnen teil. Am letzten Tag sagte die Äbtissin: »Alles, was Sie mit uns geteilt haben, war wundervoll. Warum aber haben Sie nicht von Gott gesprochen?« Ich sah sie an und sagte mit einem Lächeln zu ihr: »Liebe Schwester, können Sie auch nur eine Sache nennen, die ich während der letzten sechs Tage gesagt habe, die nicht von Gott handelte?« Und sie lachte – sie hatte verstanden.

F: Welche Bedeutung haben Träume? Sollten wir ihre Bedeutung ernst nehmen und danach handeln?

A: Der Lehre des Buddha zufolge leben die meisten von uns in einem Traum. Wir sind mit der Wirklichkeit nicht tatsächlich verbunden. Wir haben Ideen und Vorstellungen über die Wirklichkeit, über uns selbst und über andere, über all die Dinge, die wir in uns und um uns herum wahrnehmen. Das ist ein realer Traum. Die Praxis der Achtsamkeit und Konzentration hilft uns, tief zu schauen, um eine korrekte

Wahrnehmung dessen, was da ist, zu entwickeln; und was da ist, sind unser Körper, unsere Gefühle, unsere Wahrnehmungen und die Objekte unserer Wahrnehmungen. Achtsam leben und tief schauen ist der einzige Weg, unseren Traum zu leben.

Wir müssen in Betracht ziehen, was uns die Menschen in unserem Umfeld sagen, vor allem über das, was wir für einen Nicht-Traum halten. Dann müssen wir berücksichtigen, was uns die Menschen in unseren nächtlichen Träumen sagen. Nicht nur die Menschen in Ihren Träumen sind ein Produkt Ihres Geistes, ein geistiges Konstrukt, auch die Menschen, die vor Ihnen sitzen, die Sie in Ihren wachen Stunden umgeben, können ein geistiges Konstrukt sein. Ist das der Fall, so werden Sie nicht imstande sein, richtig wahrzunehmen, wer und was Sie wirklich sind.

Ihr Traum ist auch eine kollektive Schöpfung, die das Material, das in Ihrem Speicherbewusstsein und dem kollektiven Bewusstsein verfügbar ist, nutzt. Die Menschen, die Sie in Ihren Träumen sehen, manifestieren sich aus den Tiefen Ihres Bewusstseins, nicht von außerhalb. Doch ist das nicht Ihr eigenes, Ihr privates Bewusstsein, denn Sie bestehen aus »Nicht-Sie-Elementen«. Ihr Bewusstsein besteht aus dem gesellschaftlichen Bewusstsein. Lächeln Sie also dem zu, was Sie im Traum sehen. Und schauen Sie genau hin, es mag eine Botschaft für Sie darin enthalten sein. Die Botschaft besteht nicht in dem, was die Person Ihnen im Traum sagt; die Botschaft ist der ganze Traum. Die Grundlage dieses Traums mögen einige tiefe Wünsche, einige Ängste, einiger Groll sein.

Es ist sehr interessant, die eigenen Träume anzuerkennen, zu lächeln und tief in sie hineinzuschauen. Doch sind sie nicht wichtiger als Ihre Tagträume. Denn zu einem beträcht-

lichen Ausmaß ist auch das, was Sie im Wachzustand sehen und hören, eine Schöpfung Ihres Geistes. Was Sie für Realität halten, ist meist Ihre eigene Schöpfung. Darum ist die Praxis der Achtsamkeit so wichtig, durch die wir die Objekte unseres Geistes erkennen können, sowie die Praxis des tiefen Schauens, durch die wir erkennen können, ob unsere Wahrnehmung eine falsche Wahrnehmung ist oder nicht. Viele von uns träumen, leben wie in einem Traum. Darum müssen wir aus unserem Traum erwachen. Die buddhistische Lehre ist eine Lehre des Erwachens. Das Wort »buddha« bedeutet »erwachen«. Buddha ist der oder die Erwachte, und Buddhismus ist die Lehre, wie man aufwacht.

Viertes Kapitel

Engagierter Buddhismus

F: Wie ist Buddhismus mit sozialer Gerechtigkeit und Frieden und mit der Friedensarbeit verbunden?

A: In Vietnam haben wir eine Bewegung gegründet, die wir »engagierten Buddhismus« nannten. Wir wollten, dass der Buddhismus in allen Bereichen des Lebens gegenwärtig ist – nicht nur in den Tempeln, sondern auch in der Gesellschaft, in unseren Schulen, unseren Familien, an unseren Arbeitsplätzen, sogar in der Politik und im Militär. Mitgefühl und Verstehen sollten überall gegenwärtig sein.

Viele von uns wollen so gern für den Frieden wirken, doch es fehlt uns an innerem Frieden. Wütend rufen wir nach Frieden. Und wütend schreien wir Menschen an, die wie wir für Frieden sind. Selbst Menschen und Gruppen, die sich dem Schaffen von Frieden verschrieben haben, bekämpfen sich manchmal untereinander. Ohne Frieden im Herzen kann es unter den Menschen, die sich für den Frieden einsetzen, keine Harmonie geben. Und ohne Harmonie gibt es keine Hoffnung. Wenn wir uneins sind, wenn wir verzweifelt sind, dann können wir uns nicht in den Dienst des Friedens stellen, dann können wir gar nichts tun. Frieden muss mit uns selbst beginnen: mit stillem Sitzen, achtsamem Gehen, dem Sorgetragen für unseren Körper, dem Loslassen von Spannungen in unserem Körper und unseren Gefühlen. Darum ist die Praxis des Frieden*seins* die Grundlage für das Friedenschaffen. Friedensein kommt als Erstes. Friedenschaffen entwickelt sich aus dieser Grundlage.

In dem Augenblick, in dem Sie sich niedersetzen und einatmen, Geist und Körper zur Ruhe kommen lassen, in dem Augenblick wird Frieden Wirklichkeit. Diese Art des Atmens ist wie ein Gebet. Ist in Ihnen dann das Element des Friedens gegenwärtig, können Sie sich mit anderen verbinden und Sie können anderen helfen, so friedvoll zu sein wie Sie. Zusammen werden Sie ein Friedenskörper, ein Sangha-Friedenskörper. Diese Praxis bringt Ihnen unmittelbar Frieden; wenn Sie friedvoller, freundlicher sind, werden Sie besser mit anderen Menschen in Kontakt treten und sie einladen können, sich Ihnen bei der Friedensarbeit anzuschließen. Sobald Sie selbst friedvoll sind und wissen, wie man friedvoll schaut, friedvoll spricht und friedvoll reagiert, werden Sie viele Menschen davon überzeugen können, Ihnen bei der Förderung von Frieden und Versöhnung zur Seite zu stehen.

Wenn Sie sich bloß hinsetzen und verhandeln oder Pläne schmieden, werden Sie keinen Frieden haben. Sie müssen lernen, achtsam ein- und auszuatmen und sich zur Ruhe zu bringen, und Sie müssen der anderen Person helfen, dies auch zu tun. Keine Ihrer Aktivitäten kann als echte friedensstiftende Handlung angesehen werden, wenn in Ihnen oder der anderen Person kein Element des Friedens ist.

Wir müssen uns in unseren Gemeinden, unseren Städten und unseren Schulen in Frieden üben. Lehrer und Lehrerinnen müssen sich in Frieden üben, um dies auch in der Schule lehren zu können. Der Präsident eines Landes oder die Vor-

sitzende einer politischen Partei muss sich in Frieden üben, muss um Frieden für Körper und Geist beten, bevor er oder sie wirkungsvoll andere Regierungsoberhäupter und Staatschefs auffordern kann, sich der Friedensarbeit anzuschließen. Jede Friedenskonferenz sollte idealerweise mit einer Geh- und Sitzmeditation beginnen. Und es sollte jemand eine Tiefenentspannung anleiten, damit Spannung, Wut und Angst in Körper und Geist abgebaut werden können. Damit bringen wir in unser politisches und soziales Leben die spirituelle Dimension.

F: Viele von uns Aktivisten widmen sich hingebungsvoll der Sache des Friedens, doch wir sehen nur winzige Fortschritte, wir werden entmutigt. Wie können wir dabei ein Burnout vermeiden?

A: Wir müssen unsere Grenzen kennen. Wir müssen unser Leben so organisieren, dass wir weiterhin die Nahrung und Heilung bekommen, die wir brauchen. Die Lösung liegt in unserer Gemeinschaft. Arbeiten Sie mit einer Gemeinschaft zusammen, in der die Mitglieder zusammen praktizieren, einer Sangha, empfangen Sie von dort die kollektive Energie der Unterstützung. Fühlen Sie sich durch Ihre Bemühungen erschöpft, werden Ihnen die anderen Brüder und Schwestern der Gemeinschaft bei Ihrer Arbeit helfen, sodass Sie sich Zeit zur Erholung nehmen können. Sie müssen auch den Mut haben, »nein« zu sagen; sonst werden Sie sich sehr schnell verlieren, und das wird der Welt nicht helfen. Es ist schwer, »nein« zu sagen, aber es ist nicht unmöglich. Sie müssen so zu helfen lernen, dass Sie gleichzeitig für sich selbst Sorge tragen.

Ärztinnen, Krankenpfleger, Psychotherapeutinnen und Lehrer müssen ebenso verfahren; sie müssen auch für sich selbst da sein, um länger für das Wohlergehen anderer da sein zu können. Die eigenen Kräfte zu bewahren bedeutet, sich die Möglichkeit zu erhalten, anderen zu helfen. Sich selbst und sein Mitgefühl zu bewahren, das ist die Antwort. Und das ist in einer Gemeinschaft von Praktizierenden leichter.

F: Unser Planet ist durch die Erderwärmung, das Aussterben von Gattungen und die Verschmutzung unserer Gewässer bedroht. Was können wir Buddhisten tun, um die Erde retten zu helfen?

A: Als Astronauten zum ersten Mal aus dem Weltall ein Foto der Erde machten, waren Millionen Menschen von dem Anblick unseres Heimatplaneten, der Erde, berührt, eines lebendigen blauen Planeten in einem weiten dunklen Kosmos. Der Planet Erde, so reich und schön, ist tatsächlich ein Reines Land, ein wahres Paradies und doch wissen wir Menschen nicht, wie wir die Erde bewahren und beschützen können. Stattdessen zerstören wir sie. Aus diesem Grund brauchen wir den Buddha.

Der Buddha ist kein Gott; der Buddha ist jemand, der erwacht ist, jemand, der weiß, was passiert. Wir sind Buddha. Die Dharmapraxis soll uns und den Menschen in unserem Umfeld helfen, zu der Tatsache zu erwachen, dass wir einen wundervollen Planeten haben, der unseres Schutzes bedarf.[4] Darum ist Erleuchtung, Erwachen, so wichtig. Jeder und jede von uns trägt die Samen des Erwachens in sich, und darum können wir hoffnungsvoll sein. Durch ein kollektives Erwa-

chen können Dinge schnell in Bewegung geraten. Alles, was wir tun, sollte also auf kollektives Erwachen hin ausgerichtet sein.

Dharmapraxis kann keine individuelle Praxis mehr sein. Es muss eine kollektive Praxis sein. Lehrer sollten mit anderen Lehrern und Schülern praktizieren, Psychotherapeutinnen sollten mit ihren Klientinnen und anderen Psychotherapeuten praktizieren, Filmschaffende sollten Filme machen, die zum Erwachen inspirieren. Journalisten sollten Artikel schreiben, die den Leuten helfen zu erwachen. Jeder und jede hat die Aufgabe, das Erwachen zu fördern. Erwachen ist die Grundlage jeden Wandels.

Damit Buddha und Dharma greifbar werden, müssen wir eine Sangha aufbauen, eine Gemeinschaft, die Erwachen praktiziert. Die Sangha ist unsere Zuflucht. Indem wir Zuflucht zur Sangha nehmen, nehmen wir auch Zuflucht zu Buddha und Dharma und fühlen uns sicher. Wenn wir achtsam, wenn wir konzentriert sind und Erwachen praktizieren, dann sind wir der Buddha und unsere Sangha ist der Buddha. Das müssen wir erkennen. Können wir die Wahrheit berühren, werden wir kein Opfer von Verzweiflung mehr sein. Verzweiflung ist das Schlimmste, was uns geschehen kann. Kollektives Erwachen ist unsere Hoffnung und die Hoffnung unseres Planeten; und kollektives Erwachen ist möglich.

4 In *Die Welt ins Herz schließen. Buddhistische Wege zu Ökologie und Frieden* (Aurum Verlag 2009) zeigt Thich Nhat Hanh, wie spirituelle Praxis den Planeten heilen und transformieren und so dazu beitragen kann, die Erderwärmung zu stoppen.

F: Was können wir tun, wenn uns jemand körperlich angreift? Dürfen wir Gewalt einsetzen, um uns zu schützen? Darf ein Land Gewalt einsetzen, um sich zu schützen?

A: Es gibt viele Dinge, die wir tun können, um uns davor zu schützen, physisch oder mental angegriffen zu werden. Diese Dinge sind Teil dessen, wie wir unser tägliches Leben gestalten. Wir lernen so zu leben, dass niemand uns mehr angreifen will. Wissen Sie, wie Sie die Energie von Brüderlichkeit und Mitgefühl entwickeln können, wird die Energie des Mitgefühls und Verstehens Sie beschützen. Sie werden viele Freundinnen und Freunde haben, die auf Sie Acht geben und Sie schützen, wenn Sie mit Mitgefühl und Verstehen leben. Das ist die grundlegende Praxis. Darum sollten wir auch nicht warten, bis wir angegriffen werden, um zu lernen, wie wir reagieren.

Als junger Mann war der Buddha in Kampfkünsten sehr versiert. Er wusste, dass er sich dank seines Geschicks gegen körperliche Attacken zur Wehr setzen konnte. Wir können wie der Buddha Qigong und andere gewaltfreie Methoden erlernen, um uns zu schützen. Wir können in einer Weise essen, arbeiten und schlafen, dass wir uns unsere Gesundheit und Spannkraft bewahren. Wir können Achtsamkeit, Konzentration und Mitgefühl kultivieren. Jedes Mal, wenn der Buddha in Gefahr war, körperlich angegriffen zu werden, benutzte er seine Achtsamkeit, seine Intelligenz und sein Mitgefühl, um die Person, die ihn angreifen wollte, zu bezwingen, und er musste seine Kampfkünste nie anwenden.

Missverständnisse führen zu Angst und Wut, und sofort denken wir an ein Gewehr und eine Armee als einzige Lösung. Doch es gibt viele gewaltlose Möglichkeiten, uns und unser

Land zu schützen. Gewalt ist das letzte Mittel. Ist ein Land geeint, verfügt es über weise Führungspersönlichkeiten, die in tiefem Dialog und tiefem Zuhören geübt sind, so hat das Land viele Freunde und muss seine Armee nicht oft einsetzen. Die Soldaten verbringen ihre Zeit stattdessen damit, Straßen zu reparieren, Brücken zu bauen und Gemeinden und Gemeinschaften beizustehen.

F: Wie können wir den politisch und wirtschaftlich Verantwortlichen helfen, besser zu werden?

Unsere politisch und wirtschaftlich Verantwortlichen tragen gute Samen in sich und ebenso negative. Sie sind vielleicht von Menschen umgeben, die nicht wissen, wie sie die guten Samen gießen sollen, und die stattdessen weiter die Samen der Angst, Wut, Gewalt und Gier wässern. Darum müssen wir nach Möglichkeiten suchen, mit unseren Politikerinnen und Politikern in Kontakt zu kommen und ihnen zu helfen. Protest ist eine Art von Hilfe, aber er sollte geschickt erfolgen, damit er als Akt der Liebe, nicht als Akt des Hasses verstanden wird.

Verantwortliche in Politik und Wirtschaft haben viel Energie und den Wunsch, ihre Anliegen zu erfüllen. Manche dieser Anliegen sind sehr heilsam: der Wunsch, die Umweltverschmutzung zu stoppen, soziale Ungleichheit zu beenden, Frieden wiederherzustellen, einen Wandel in der Welt herbeizuführen. Das bedeutet aber nicht, dass sie nicht mächtig, erfolgreich und berühmt sein möchten. So sind möglicherweise viele einander widersprechende Wünsche in den Menschen, die uns führen. Wir können ihnen dabei helfen, sich ihrer Beweggründe bewusst zu werden und zu sehen, wie sie harmonisiert werden können. Unsere Hilfe liegt darin, dass sie sich besser verstehen können.

Diese Menschen glauben im Allgemeinen, dass sie sich verstehen und dass sie nur handeln müssten. Doch das ist nicht wahr. Sie kennen sich nicht in ausreichendem Maße. Sie kennen die Welt nicht in ausreichendem Maße. Das ist eine Tatsache. Niemand von uns kann sich vollkommen kennen, niemand von uns kann die Welt gut genug kennen. Für eine Praktizierende ist es gut, in Bescheidenheit zu erkennen, dass sie mehr über sich und mehr über das Leiden und die Lage in der Welt verstehen lernen muss.

Wir können den politisch und wirtschaftlich Verantwortlichen dabei helfen, sich ihres Wissens über sich und die Welt nicht zu sicher zu sein. Wir sollten Ihnen zuhören und in liebevoller Weise zu ihnen sprechen, um sie darin zu unterstützen, sich selbst und die Weltlage immer besser zu verstehen. Ihr Handeln sollte im Rahmen einer Sangha stattfinden, damit sie imstande sind, sich kollektiver Einsicht zu bedienen.

Die Praxis, sich selbst tief zuzuhören und sich gut zu verstehen, der Welt zuzuhören und ihr Leiden zu verstehen, ist für jeden und jede die gleiche, ob es sich nun um politisch Verantwortliche oder um Wirtschaftsbosse handelt. Es gibt viele wirtschaftlich Verantwortliche, die gute Dinge tun wollen, die mit ihren Firmen mehr soziale Gerechtigkeit und soziales Wohlergehen fördern wollen. Einige von ihnen müssen Kompromisse eingehen oder verlieren vielleicht ihre Position und beenden ihre Karriere. Sie haben ihre eigenen Schwierigkeiten. Wir können sie nicht einfach für die Probleme in der Welt verantwortlich machen. Wir müssen sie verstehen, bevor wir ihnen helfen können.

Es gibt viele Wege, auf denen wir uns wirtschaftlich oder politisch Verantwortlichen nähern können. Wir alle – Schreiner, Maschinisten, Journalistinnen, Autorinnen, Filmschaffende, Erzieher, Eltern, Rechtsanwälte, Krankenschwestern – können Briefe schreiben, Anrufe tätigen, Transparente tragen. Wir können uns in einer Weise Gehör verschaffen, die zu Gewahrsein führt und die Transformation unseres kollektiven Bewusstseins befördert. Das ist Basisarbeit; wir wandeln unsere Denkweise, helfen uns allen, die Dinge tiefer und klarer zu sehen. Jeder und jede von uns kann dies im täglichen Leben tun. Das wird sehr zum Erwachen in der Welt beitragen. Unsere politisch und wirtschaftlich Verantwortlichen werden davon profitieren. Wir müssen mit ihnen sprechen. Wir müssen sie erhellen. Doch zuvor müssen wir uns selbst erhellen.

F: Martin Luther King besaß die Fähigkeit und das Wissen, die Welt wahrhaft in einen Ort des Friedens und der Zusammenarbeit zu wandeln. Werden wir jemals wieder so eine Führungspersönlichkeit haben?

A: Martin Luther King ist noch immer da. Unter uns gibt es mehr als einen Martin Luther King; es gibt Kontinuität. Doch wir müssen sehr genau hinschauen, um seine oder ihre Präsenz zu erkennen und unsere Unterstützung und Hilfe anzubieten. Wir haben oft das Gefühl, wir bräuchten jemanden außerhalb von uns selbst – einen Buddha, einen Gandhi oder einen Martin Luther King – der oder die den Weg weist. Wir tragen Gandhi oder King in uns. Wir sind wechselseitig verbunden. Wir müssen nicht warten auf jemand anderen als Garanten des Wandels, den wir in der Welt sehen wollen.

Eine Möglichkeit der Hilfe ist, Menschen, die über viel Geld und Waffen verfügen, zu zeigen, dass sie wahrhaft glücklich sein können. Es gibt viele Menschen, die mächtig und reich sind, doch sehr leiden. Sie glauben, Glück sei ohne Geld und Macht unmöglich. Diese Denkweise bildet die Wurzel von Krieg und sozialer Ungerechtigkeit. Können Sie diesen Menschen einen Geschmack wahren Glücks geben, werden sie imstande sein, ihre Denkweise zu ändern. Allein durch Reden werden Sie deren Denken nicht ändern können. Sie müssen noch etwas anderes tun. Sie müssen zeigen, dass Sie selbst wahrhaft glücklich sind, selbst wenn Sie nicht viel Geld haben. Der Lehre des Buddha zufolge wohnt auch diesen Menschen der Same der Erleuchtung inne. Wenn es uns gelingt, diesen Samen zu berühren, werden sie ihre Denkweise aufgeben und werden der Sache des Friedens dienen. Auf diese Weise helfen Sie, Martin Luther King in der Welt fortzuführen.

F: Wie versöhne ich als Richter Gerechtigkeit und Mitgefühl?

A: Wahre Gerechtigkeit sollte Mitgefühl in sich tragen. Hat jemand etwas Schädliches getan, ist dies nicht nur dem Opfer zugefügt worden, sondern auch dem Täter. Wir wissen alle, dass wir uns jedes Mal selbst verletzen und Leiden bereiten, wenn wir etwas Ungeschicktes sagen, das unsere Beziehung zu einem anderen Menschen beschädigen kann. Dies resultiert aus unserem fehlenden Geschick, unserem Mangel an Achtsamkeit und Mitgefühl, und wir leiden, wenn die andere Person leidet. Vielleicht nicht sofort, aber etwas später leiden wir.

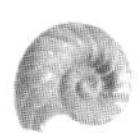

Der wahre Grund unseres schädlichen Handelns ist unsere Ignoranz, unser Mangel an Geschick.

Wenn wir einen sogenannten Kriminellen richtig zu betrachten wissen, werden wir Mitgefühl empfinden. Die Gesellschaft hat ihn so gemacht; er wurde in eine Situation hineingeboren, in der soziale Bedingungen, seine Eltern und andere Einflüsse sein Verhalten geprägt haben; er ist in großem Ausmaß das Opfer seiner Lebenssituation. Er wurde in dieses Leben hineingeboren, und er ist seitdem ein Opfer gewesen. Niemand hat ihm geholfen – Erzieherinnen, Gesetzgeber, Politikerinnen, Geschäftsleute, humanitär gesinnte Menschen – niemand hat ihm geholfen, und darum ist er so, wie er ist. Verurteilen Sie ihn zum Tode, können Sie das Gerechtigkeit nennen, doch ich denke, es ist keine Gerechtigkeit, weil ihm niemand geholfen hat.

Wir sind in hohem Maße ein Produkt unserer Gesellschaft und unserer Umgebung. Wenn wir das sehen, wenn wir die Natur des Interseins, der wechselseitigen Verbundenheit, in der kriminellen Handlung sehen, werden wir mitfühlend sein und das von uns vorgeschlagene Strafmaß wird in dem Fall geringer sein. Tiefes Schauen lässt uns mitfühlend sein. Sie werden, von Mitgefühl geleitet, die Art der Gerechtigkeit walten lassen, die mehr Geduld, Verstehen und Toleranz beinhaltet. Wir können nicht nur Gerechtigkeit und Mitgefühl versöhnen, sondern wir können auch zeigen, dass wahre Gerechtigkeit Mitgefühl und Verstehen in sich tragen muss.

F: Wie sieht der Buddhismus die Todesstrafe? Nehmen wir an, jemand hat zehn Kinder umgebracht. Warum sollte er am Leben bleiben dürfen?

A: Zehn Menschen sind tot; warum wollen Sie noch einen elften töten? Ein Mann, der zehn Kinder umgebracht hat, ist krank. Ihn zu töten würde ihm nicht helfen, und es würde uns auch nicht helfen. Es gibt in unsere Gesellschaft noch andere wie ihn; und schauen wir genau hin, erkennen wir, dass mit unserer Gesellschaft etwas nicht in Ordnung sein kann, wenn sie Menschen wie ihn schafft. Schauen wir im Licht des Intersiens, können wir die anderen Elemente, die ihn geschaffen haben, sehen. So entwickelt sich unser Verstehen. Dann sehen wir, dass dieser Mensch Hilfe braucht, nicht nur Strafe. Natürlich muss er zum Schutz der Gesellschaft eingesperrt werden, aber das ist nicht das Einzige, was wir tun können.

In manchen Gefängnissen gibt es mittlerweile buddhistische Bücher, Zeitschriften und sogar Dharmavorträge, und viele Gefangene haben begonnen zu praktizieren. Eine Reihe von ihnen hat gelernt, friedvoll zu leben, selbst im Gefängnis. Ich erhalte viele Briefe von Gefangenen, die meine Bücher gelesen haben. Einer schrieb: »Ich sehe Mithäftlinge die Treppen rauf- und runterrennen und ich kann ihr Leiden und ihre Unruhe spüren. Ich hoffe, sie können es so tun wie ich; ich gehe achtsam die Treppe hinauf und hinunter und folge dabei meinem Atem. Dann fühle ich Frieden in mir, und wenn ich Frieden in mir spüre, kann ich das Leiden der anderen Häftlinge deutlich erkennen.« Dieser Mensch ist zu Mitgefühl fähig geworden.

Bestrafung ist also nicht unsere einzige Option. Auch in solch schwierigen Situationen sind Transformation und Heilung möglich. Jemanden zu töten offenbart nur unsere eigene Schwäche. Wir wissen nicht mehr, was wir tun sollen, und geben auf, ergeben uns. Jemanden zu töten ist ein Verzweiflungsschrei. Wir können zusammen tiefes Schauen und Mit-

gefühl praktizieren, um weitaus bessere Mittel zu finden, als die Todesstrafe gutzuheißen.

F: Angenommen, ich arbeite in einer Firma, die Giftstoffe produziert oder die schädliche Produkte verkauft oder die Konflikte zwischen Menschen verursacht. Wie kann ich in einem solchen Bereich arbeiten und gleichzeitig anderen helfen? Sollte ich meine Stelle aufgeben?

A: Eines Tages kam ein Mann in einem sehr luxuriösen Auto vorgefahren, um mich zu sehen. Er erzählte mir, dass er verantwortlich sei für die Entwicklung von nuklearen Sprengköpfen. Sein Gewissen war sehr in Aufruhr aufgrund der zerstörerischen Arbeit, die er tat, und er fragte mich, ob er seine Stelle aufgeben solle. Nach einigem Nachdenken sagte ich ihm, er solle seine Arbeit weitermachen – aber achtsam. Ungeachtet seiner potenziell zerstörerischen Arbeit hatte dieser Ingenieur ein Gewissen. Ihm war bewusst, was er tat. Die Welt braucht achtsame Menschen in solchen Berufen. Würde dieser Mann kündigen, würde eine andere weniger achtsame Person seine Stelle übernehmen, und die Lage würde sich verschlimmern.

Menschen mit anspruchsvollen, schwierigen Berufen (Bauleiter, Friedensoffiziere, Notfallärztinnen), ja, wir alle können gleichzeitig Praktizierende und Dharmalehrerinnen und -lehrer sein. Die Rechtsanwältin kann sich in tiefem mitfühlendem, verständnisvollem Schauen üben und ihren Klienten helfen, tief zu schauen, sodass Transformation und Wandel möglich werden. Natürlich muss die Anwältin ihre Klienten schützen, für sie eintreten und sprechen, doch sie kann auch ihr Herz sprechen lassen. Sie kann ihren Klienten sagen, was sie auf der Gegenseite sieht, und ihnen helfen, auch deren Sicht zu verstehen. Vor Gericht kann die Anwältin die Samen des Verstehens und des Mitgefühls in den Herzen der anderen, auch der Richter, wässern. Das ist sehr wichtig. Diese Art der Praxis wird von vielen Menschen wahrgenommen und geschätzt.

Ein verantwortungsvoller Politiker kann aus seinem Gewissen und unabhängiger Einsicht heraus handeln. Er ist in der Lage, anders als seine Partei abzustimmen, achtsam abzustimmen. Andere Parteimitglieder werden ihn aufgrund seiner Ehrlichkeit und seines guten Willens verstehen, und er wird die Unterstützung anderer genießen können. Es ist also sehr wichtig, die spirituelle Dimension in den Arbeitsbereich hineinzutragen. Wir brauchen in der Welt solche Menschen.

Da wir dem Pfad, ein vollkommen erleuchtetes Wesen, ein Buddha zu werden, folgen, sind wir im Training. Die Fünf Achtsamkeitsübungen brauchen wir als Training, weil wir noch nicht vollkommen erleuchtet sind. Wir müssen sie nicht perfekt praktizieren. Wenn wir wissen, dass wir in die richtige Richtung gehen, dann ist das gut genug. Es geht nicht darum, in allem, was wir tun, perfekt zu sein, sondern auf dem Pfad weiter voranzugehen. Befinden Sie sich in einer Situation oder üben Sie einen Beruf aus, der von Ihnen erfordert, gegen den Geist der Fünf Achtsamkeitsübungen zu leben, dann sollten Sie dennoch die Hoffnung hegen, dass Sie eines Tages einen Ausweg daraus finden und einer Beschäftigung nachgehen können, die weder Mensch noch Natur schadet. In der Zwischenzeit gibt es durchaus Dinge, die Sie tun können. Sie können andere Menschen ausbilden. Einen guten Beruf zu haben ist wichtig. Doch wichtiger ist es, ehrlich zu sein,

friedvoll zu leben und einem Pfad zu folgen. Es ist möglich, dass ein anderer, weniger stressiger Beruf Ihnen ein einfacheres, glücklicheres Leben ermöglicht. Das Wichtige ist, keinen Kompromiss einzugehen, wenn Sie entschlossen sind, Rechten Lebenserwerb zu praktizieren und mit Mitgefühl und Verstehen zu leben.

F: Ich habe außerordentliches Mitgefühl für Tiere und bin Vegetarierin. Doch bei meiner Arbeit als Wissenschaftlerin muss ich an Tieren neue Wirkstoffe testen, um zu prüfen, ob sie für Menschen verträglich sind. Wie kann ich meine innere Zerrissenheit darüber lösen?

A: Wenn Tiere eine Demonstration organisieren könnten, würden sie sicherlich eine gegen Tierversuche organisieren. Doch weil wir in einer stärkeren Position sind, benutzen wir Tiere, um Möglichkeiten der Verbesserung menschlicher Lebensbedingungen zu entdecken. Wir benutzen Tiere für Forschungen, die Menschen zugute kommen. Sie als Wissenschaftlerin repräsentieren uns alle und handeln in unserem Namen. Wir sind dabei genauso verantwortlich wie Sie. Wir leiden mit Ihnen bei Ihrem Tun. Und wir wollen einen Weg finden, das Leiden von Tieren, Pflanzen und Mineralien zu lindern.

Was Sie tun können, ist Menschen davon zu berichten, was da geschieht, denn viele von uns sind ignorant. Wir schenken vielem nicht genügend Aufmerksamkeit. Wir wissen gar nicht, wie sehr Tiere leiden. Sie sind die Flamme an der Spitze der Kerze. Sie sollten uns wach machen und uns erzählen, was Sie tun. Teilen Sie mit uns die Wirklichkeit tierischen Leidens, sodass wir uns mit Ihnen verantwortlich fühlen können. Dies kann Ihnen helfen, sich in Ihrer Entschlossenheit, tief und achtsam zu leben, unterstützt zu fühlen. Und wir werden teilhaben an Ihrem tiefen Schauen, sodass Sie vielleicht früher Wege erkennen werden, wie das Leiden von Tieren entscheidend gemindert werden kann.

Bleiben Sie bei Ihrer Arbeit, aber bleiben Sie achtsam dabei. Ich bin zuversichtlich, dass Ihnen noch eine Einsicht zuteil werden wird, die Ihnen dabei hilft, Ihre Arbeit so zu verbessern, dass sie auch Tieren zugute kommt. Spüren Sie Ihr Mitgefühl und werden Sie nicht zu einer Maschine. Bleiben Sie ein menschliches Wesen und halten Sie Ihr Mitgefühl lebendig. Seien Sie achtsam und helfen Sie auch uns, achtsam zu sein. Sie tun es für uns alle, und wir sind mitverantwortlich für alles, was Sie tun.

F: Was können Künstlerinnen und Künstler in diesen schrecklichen Zeiten, in denen Krieg herrscht und Verzweiflung da ist, zur Verbesserung der Welt beitragen?

A: Indem Sie Ihr Leben leben, Kunstwerke schaffen, leisten Sie Ihren Beitrag zum kollektiven Erwachen der Menschen. Ein Bodhisattva ist jemand, der oder die erwacht, achtsam und von dem Wunsch erfüllt ist, anderen bei ihrem Erwachen zu helfen. Ein bildender Künstler, eine Schauspielerin, ein Filmschaffender, ein Schriftsteller ist vielleicht von dem Wunsch, ein Bodhisattva zu werden, inspiriert und hilft den Menschen zu erwachen, hilft ihnen, die Samen der Freude, des Friedens und des Glücks in ihnen zu berühren, hilft ihnen, die Samen der Voreingenommenheit, der Angst und

Gier zu entfernen und zu transformieren. Ein Künstler kann all das tun. Sind Sie von diesem Wunsch durchdrungen, dann werden Sie so viel Freude und Energie verspüren, dass Ruhm und Macht Sie nicht mehr reizen werden. Nichts kommt dieser Freude gleich, dem Wissen, dass Ihr Leben auf dieser Erde schön und hilfreich ist.

Eines Tages traf ich in New York eine buddhistische Gelehrte und ich erzählte ihr von meiner Achtsamkeitspraxis in meinem Garten. Ich freue mich daran, Salat, Tomaten und Gemüse zu ziehen, und ich verbringe gern jeden Tag mit etwas Gartenarbeit. Sie sagte: »Sie sollten Ihre Zeit nicht mit dem Anbau von Gemüse verbringen. Sie sollten lieber mehr Zeit für das Schreiben von Gedichten aufwenden. Ihre Gedichte sind so schön. Jeder kann Salat ziehen, aber nicht jeder kann Gedichte schreiben wie Sie.« Ich sagte ihr: »Wenn ich keinen Salat ziehe, kann ich keine Gedichte schreiben.

Wenn ich mich um den Salat kümmere oder meinen Garten bewässere, dann denke ich nicht an Gedichte oder ans Schreiben. Ich richte meinen Geist ausschließlich darauf aus, mich um den Salat zu kümmern, das Gemüse zu gießen und so weiter. Ich genieße jeden Moment und tue es im Modus des »Nicht-Denkens«. Es ist sehr hilfreich, mit dem Denken aufzuhören. Ihre Kunst empfangen Sie in der Tiefe Ihres Bewusstseins, wenn Sie nicht daran denken. Der Augenblick des Ausdrucks ist nur der Moment der Geburt, der Moment, in dem Sie das Baby zur Welt bringen. Es muss Momente geben, in denen Sie dem Kind in Ihnen erlauben zu wachsen, sodass Sie Ihr Bestes tun können und Ihr Meisterwerk Einsicht, Verstehen und Mitgefühl umfassen kann.

Ein Kunstwerk kann Menschen helfen, die Natur ihres Leidens zu verstehen und zu erkennen, wie sie das Negative in sich transformieren und das Positive in sich entwickeln können. Schreiben, einen Film machen, ein Kunstwerk schaffen kann ein Akt der Liebe sein. Dieser Akt der Liebe nährt Sie, und er nährt auch andere. Sind Sie glücklich, wissen Sie, wie Sie jeden Moment Ihres Lebens tief leben können, dann werden sich tiefes Verstehen, Freude und Mitgefühl einstellen. Ihre Kunst wird dieses Verständnis spiegeln und damit anderen zugänglich machen.

F: Wie ist es möglich, das Leben zu genießen, wenn so viele andere leiden?

A: Wenn Sie eine Minute des Friedens und der Freude erleben, aber meinen, kein Recht dazu zu haben, friedvoll und freudvoll zu sein, dann zerstört dieses Schuldgefühl Ihre Minute des Friedens und der Freude. Und mit der Zerstörung dieser Minute des Friedens und der Freude gibt es für Sie und für die Welt keine Hoffnung mehr. Sie müssen also diesen Moment des Friedens und der Freude als Grundlage für alles andere bewahren. Hoffnungslosigkeit ist das Schlimmste, was uns passieren kann, vor allem, wenn die Hoffnungslosigkeit zu kollektiver Verzweiflung wird. Es ist sehr wichtig, einen Umgang mit der Verzweiflung zu lernen und ihr nicht zu erlauben, alles zu zerstören, besonders die heilsamen Dinge nicht, die uns noch geblieben sind.

Sind wir in der Lage, achtsam und voller Freude zu atmen, imstande, freudvolle, glückliche Schritte zu machen, dann sind wir nicht selbstsüchtig, dann tun wir das für all unsere Vorfahren und für alle Kinder auf der Welt. Achtsam zu gehen und es nicht zu genießen, darin liegt keine Weisheit. Sind Sie

fähig, friedvoll Gehmeditation zu praktizieren, hat die Welt eine Chance. So müssen Sie die Dinge betrachten. Das ist Einsicht, die Frucht der Achtsamkeit. Wenn Ihnen klar ist, dass Sie in jedem Augenblick Ihres täglichen Lebens Ihren Beitrag leisten können, werden Sie kein Opfer der Verzweiflung, und Sie werden den Menschen in Ihrem Umfeld Mut machen. Kommen pessimistische Gefühle in Ihnen auf, erlauben Sie ihnen nicht zu bleiben. Natürlich gibt es überall auf der Welt Leiden; es gibt in uns Leiden, in unserer Familie, in der Gesellschaft. Doch wenn Sie Ihr Bestes tun, dann werden andere Menschen es auch tun. Ihr Bestes tun – das ist Ihr Part, Ihr Beitrag. Und das ist ansteckend; Menschen sehen Sie und werden inspiriert sein, auch ihr Bestes zu geben. Unser positiver Beitrag liegt in dem Mut, unser tägliches Leben mit Mitgefühl und Gewahrsein zu leben.

F: Wie können wir uns angesichts all der Verrücktheit und Gewalt in der Welt davor bewahren, das Vertrauen in die Menschheit zu verlieren und aufzugeben?

A: Es gibt eine Praxis genannt »Zufluchtnahme«: Sie wollen sich sicher, beschützt, ruhig fühlen. Wenn Sie keine Zuflucht nehmen, werden Sie Ihren Frieden, Ihre Ruhe, Ihr Gefühl der Sicherheit verlieren. Sie werden dann leiden und anderen Leid bereiten. Wir müssen also in turbulenten Situationen, die in überwältigendem Maße leidvoll sind, Zuflucht zum Buddha nehmen – dem Buddha in uns. Jeder und jede von uns trägt den Samen der Buddhaschaft, der Fähigkeit, ruhig, verständnisvoll und mitfühlend zu sein, in sich. Wir nehmen Zuflucht zu dieser Insel der Sicherheit in uns, sodass wir unsere

Menschlichkeit, unseren Frieden und unsere Hoffnung bewahren können. Diese Praxis ist überaus wichtig für Sie selbst und für andere. Sie werden so zu einer Insel des Friedens und Mitgefühls und Sie inspirieren vielleicht andere Menschen, es Ihnen gleichzutun.

Es ist wie bei der Fahrt eines Bootes über das Meer. Gerät das Boot in einen Sturm und reagieren alle an Bord mit Panik, dann wird es kentern. Doch ist da nur eine Person, die Ruhe bewahrt, dann kann diese Person andere inspirieren, ebenfalls ruhig zu bleiben. Dann gibt es für alle an Bord Hoffnung. Wer ist diese Person, die inmitten turbulenter Situationen ruhig bleiben kann? Im Mahayana-Buddhismus heißt die Antwort: »Sie!«

F: Eine Entscheidung für die Abtreibung ist sehr schwierig, doch manchmal mag sie notwendig sein. Verstößt Abtreibung immer gegen die Fünf Achtsamkeitsübungen?

A: Leben zu schützen ist eine ganz grundlegende Lehre des Buddha. Abtreibung ist ein Akt der Unterbrechung und fügt dem Leben Schaden zu, nicht nur dem Leben des Babys, auch unserem eigenen, denn bei einer Abtreibung stirbt auch ein Teil von uns, und dieser Tod kann noch lange nachwirken. Wir müssen also unser Bestes tun, auf eine Weise zu leben und unser Leben zu planen, dass wir eine solch schmerzhafte Entscheidung nie treffen müssen. Das ist präventive Medizin. Warten wir, bis das Problem da ist, ist es zu spät. Darum sollten wir unser Augenmerk darauf richten, wie wir leben, wie wir Bedingungen schaffen, wie wir Situationen verhindern können, in denen wir schmerzvolle Entscheidungen dieser Art

treffen müssen. Das ist die grundlegende Praxis, nicht nur für den Einzelnen, sondern für die ganze Gesellschaft.

Ist die Situation erst einmal da, ist die Entscheidung in jedem Fall schmerzhaft. Wir müssen dann alle Umstände eingehend betrachten. Wir sollten dabei nicht dogmatisch sein. Wir müssen jeden einzelnen Fall untersuchen, müssen flexibel, intelligent und mitfühlend sein. Es gibt nicht die eine Antwort für alle Gelegenheiten. Wir brauchen auch die Einsicht derer, die um uns sind, der Kreis unserer Familie und unsere Freundinnen und Freunde. Es ist nicht nur ein Problem unseres eigenen Wohlergehens, sondern es geht auch darum, kein weiteres Leiden zu schaffen. Wenn etwas mit Sicherheit mehr Leiden schafft, sollten wir es nicht tun. Wenn etwas das Leiden zu beenden hilft, sollten wir es tun. In der Mehrzahl aller Fälle ist eine Abtreibung nicht gut. Doch in einigen Fällen mag keine Abtreibung vorzunehmen der Mutter und vielen anderen noch mehr Leid bereiten.

Haben Sie als Praktizierende Zuflucht zu Buddha, Dharma und Sangha genommen, sollte Ihre Entscheidung auf Basis Ihrer Zufluchtnahme erfolgen. Sie müssen dem Geist des Buddha entsprechend handeln – mit Achtsamkeit dafür, was gegenwärtig geschieht, was zukünftig geschehen wird, welches Leid eintreten würde, wenn Sie es täten. Ist in Ihrem Handeln wahres Mitgefühl oder nennen Sie es nur Mitgefühl? Wir müssen dem Geist des Dharma entsprechend handeln. Das bedeutet, achtsam zu sein, dessen gewahr, was in der Vergangenheit geschah, was jetzt geschieht, was in der Zukunft geschehen wird. Wir sollten auch die kollektive Einsicht der Sangha einbeziehen. Die Sangha wird unsere Situation mit Konzentration und Achtsamkeit betrachten und sicher Einsichten in das, was wir tun sollten, entwickeln. Nachdem Sie die Sangha zu Rate gezogen haben, der Empfehlung der Sangha gefolgt sind, brauchen Sie sich nicht mehr so viele Sorgen zu machen. Sie haben dem Buddha, dem Dharma und der Sangha tief zugehört und nun sind alle mitverantwortlich. Sie sind nicht allein. Sie haben im tiefsten Sinne Zuflucht zur Praxis genommen.

F: Was ist die buddhistische Auffassung von Homosexualität?

A: Der Geist des Buddhismus ist einschließend, einbeziehend. Schauen wir tief in eine Wolke hinein, sehen wir den ganzen Kosmos. Eine Blume ist eine Blume, aber sehen wir tief in sie hinein, sehen wir den Kosmos. Alles hat einen Ort. Die Grundlage – die Basis von allem – ist die gleiche. Betrachten Sie das Meer, sehen Sie verschiedene Arten von Wellen, viele Größen und Formen, doch alle Wellen haben Wasser als ihre Grundlage. Wenn Sie schwul oder lesbisch sind, ist Ihre Grundlage die gleiche wie meine. Wir sind verschieden, aber wir teilen denselben Wesensgrund. Der evangelische Theologe Paul Tillich sagte einmal, dass Gott der Wesensgrund sei. Sie sollten Sie selbst sein. Hat Gott mich als Rose geschaffen, sollte ich mich als Rose akzeptieren. Sind Sie lesbisch, seien Sie eine Lesbe. Schauen Sie tief in Ihre Natur hinein, werden Sie sehen, wer Sie wirklich sind. Sie werden Ihren Wesensgrund berühren und Frieden finden.

Als ein Opfer von Diskriminierung liegt Ihr Weg zur Emanzipation nicht einfach nur darin, dass Sie gegen die Ungerechtigkeit protestieren. Ungerechtigkeit kann nicht durch Anerkennung allein wiedergutgemacht werden, sondern durch

Ihre Fähigkeit, den Grund Ihres Wesens zu berühren. Diskriminierung, Intoleranz und Unterdrückung rühren von einem Mangel an Wissen, einem Mangel an Verstehen her. Sind Sie imstande, Ihren Wesensgrund zu berühren, dann können Sie sich von innerem Leid aufgrund von Diskriminierung und Unterdrückung befreien.

Jemand, der Sie wegen Ihrer Abstammung oder Ihrer Hautfarbe oder Ihrer sexuellen Orientierung diskriminiert, ist ignorant. Er kennt den eigenen Wesensgrund nicht. Er weiß nicht, dass wir alle denselben Wesensgrund teilen, nur darum kann er Sie diskriminieren.

Jemand, der andere diskriminiert und ihnen so Leid bereitet, ist selbst innerlich nicht glücklich. Sobald Sie die Tiefe und die Natur Ihres Wesensgrundes berührt haben, werden Sie mit der Art des Verstehens ausgestattet sein, die zu Mitgefühl und Toleranz führt, und Sie werden fähig sein zu vergeben, selbst denen, die Sie diskriminieren. Glauben Sie nicht, dass Befreiung und Gerechtigkeit nur durch die Gesellschaft kommt. Wahre Emanzipation liegt in Ihrer Fähigkeit, tief zu schauen, begründet.

Leiden Sie aufgrund von Diskriminierung, besteht immer der Drang, das laut auszusprechen. Doch selbst wenn Sie tausend Jahre damit zubringen, wird es Ihr Leiden nicht lindern. Nur durch tiefes Verstehen und die Befreiung von Ignoranz können Sie sich vom Leiden befreien.

Dringen Sie zur Wahrheit vor, dann sprudelt Mitgefühl in Ihnen wie eine Wasserquelle. Mit diesem Mitgefühl können Sie selbst die Leute umarmen, von denen Sie schikaniert werden. Sie sind nur dann frei von Ihrem Leiden und Gefühlen der Gewalt, wenn Sie von dem Wunsch motiviert werden, den Opfern der Ignoranz zu helfen. Warten Sie nicht darauf, dass sich die Dinge in Ihrem Umfeld ändern. Sie müssen sich selbst befreien. Dann werden Sie über die Macht des Mitgefühls und des Verstehens verfügen, der einzigen Macht, die eine Umgebung voller Ungerechtigkeit und Diskriminierung zu transformieren vermag. Sie müssen ein solcher Mensch werden – jemand, die Toleranz, Verstehen und Mitgefühl verkörpern kann. Sie transformieren sich in ein Instrument des sozialen Wandels und des Wandels im kollektiven Bewusstsein der Menschheit.

F: Wie können Israelis und Palästinenser lernen, Ihre Differenzen zu heilen?

A: Wir werden durch Etikettierungen, durch Worte wie »Israeli«, »Palästinenserin«, »Buddhistin«, »Jude« und »Muslima« getrennt. Hören wir eines dieser Worte, ist damit ein Bild geschaffen, und wir fühlen uns sofort von der anderen Gruppe oder Person entfremdet. Wir haben viele uns trennende Denkgewohnheiten angenommen, und wir fügen einander Leid zu. Es ist darum sehr wichtig, im anderen einen Menschen zu sehen und ihm oder ihr zu helfen, in uns einen Menschen zu sehen. Als Menschen sind wir genau gleich. Doch die vielen Schichten von Zuschreibungen hindern andere daran, Sie als Menschen zu sehen. Sich selbst als »Buddhisten« zu verstehen oder sich so zu nennen kann nachteilig sein, denn der Titel »Buddhist« mag ein Hindernis für andere darstellen, in Ihnen den Menschen zu entdecken. Das gilt ebenso, wenn Sie Christin, Muslim oder Jude sind. Es mag einen wichtigen Teil Ihrer Identität ausmachen, aber es ist nicht alles, was Sie sind. Menschen verfangen sich in diesen Begriffen und

Bildern und können einander nicht als menschliche Wesen erkennen. Wahre Friedenspraxis ist, alle Etiketten und Zuschreibung abzulösen, sodass der Mensch zum Vorschein kommt. Da Leute oft an Namen und Etiketten sehr hängen, ist es wichtig, dass wir freundliche Worte benutzen und liebevoll sprechen, wenn wir mit anderen über Fragen von Identität und Ungerechtigkeit reden.

Bei jeder persönlichen Auseinandersetzung leiden beide Seiten unter der Ungerechtigkeit. Das zu sehen ist wichtig. Kommen in unserem Herzen Verstehen und Mitgefühl zum Vorschein, werden die Gifte der Wut, der Gewalt, des Hasses und der Verzweiflung transformiert. Der Pfad ist ganz deutlich. Die einzige Lösung besteht darin, dass wir die Gifte heraus- und Einsicht und Mitgefühl hineinbekommen! Dann werden wir einander als menschliche Wesen entdecken und uns nicht durch äußere Zuschreibungen, durch Namen wie »Buddhismus«, »Islam«, »Judentum«, »pro-amerikanisch«, »pro-arabisch« und so weiter täuschen lassen. Das ist ein Prozess der Befreiung – der Befreiung von unseren Ideen, unserer Ignoranz, unserer Neigung zur Diskriminierung. Die Erde ist so schön, und es gibt dort Platz für uns alle, und doch töten wir einander. Aber wenn wir einander als Menschen sehen können, als Menschen, die leiden, dann werden wir nicht mehr den Mut haben, aufeinander zu schießen. Wir werden dann zusammenarbeiten, um friedvoll miteinander leben zu können.

F: Wenn man einen Zustand tiefen Friedens und tiefer Liebe zu erreichen vermag, ist man dann für die Welt hilfreich?

A: Sie helfen der Welt in vielerlei Weise. Das Erste, was Sie tun, ist Frieden sein, Liebe sein; das ist bereits ein großer Beitrag. Doch sobald Sie Frieden und Liebe verkörpern, wird alles, was Sie tun, für den Frieden und die Liebe sein. Sie wären gar nicht imstande, nichts Gutes für die Welt zu tun. Sie werden wie der Buddha durch den sehr starken Wunsch bewegt sein, hinauszugehen und zu helfen. Ein Mensch, der zu Frieden und Liebe geworden ist, kann gar nicht davon absehen, etwas für die Welt zu tun. Und wir können immer noch besser werden. Der Buddha war »erwacht« und hatte eine Sangha, und doch arbeitete und praktizierte er weiterhin. Seine Gemeinschaft wurde immer größer, und während der Buddha anderen half, Lehrer und Lehrerinnen zu werden, praktizierte und lehrte er weiterhin. Wenn Sie glauben, Ihre Arbeit sei beendet – sie ist es nicht. Sie wird es nie sein. Wir müssen weitermachen. Liebe ist unbegrenzt. Mitgefühl ist unbegrenzt. Freude und Gleichmut sind unbegrenzt.

FÜNFTES KAPITEL

Krankheit und Gesundheit, Tod und Sterben

F: Wir haben von todkranken Menschen gehört, die ihr Leben verlängern konnten, nachdem sie begonnen hatten, Buddhismus und Meditation zu praktizieren. Welche Verbindung gibt es zwischen Krankheit und Meditation?

A: Die therapeutische Kraft der Meditation ist sehr groß. Durch die Praxis des achtsamen Atmens und Gehens kann man Spannungen im Körper und im Geist lösen. Wenn der Körper er selbst sein kann, wenn wir ihn nicht zu schwer belasten, wenn die Anspannung nicht zu stark wird, dann kann die natürliche Fähigkeit des Körpers zur Selbstheilung wirksam werden.

Tiere sind sehr weise. Wenn ein wild lebendes Tier verletzt wird, weiß es, was zu tun ist. Die Weisheit, die Generationen von Vorfahren ihm hinterlassen haben, sagt ihm, was zu tun ist. Das Tier findet einen ruhigen Ort und legt sich hin, um auszuruhen. Es ist nicht an Futter interessiert oder daran, anderen Tieren nachzujagen; es ruht einfach nur. Nachdem es einige Tage einfach nur ruhig dagelegen hat, ist es geheilt, erhebt sich und macht weiter.

Wir Menschen haben die Fähigkeit, uns auszuruhen, verloren. Wir sorgen uns zu sehr. Wir erlauben unserem Körper nicht zu heilen. Wir erlauben unserem Geist nicht zu heilen. Selbst wenn wir ein paar Wochen Ferien haben, wissen wir nicht, wie wir uns ausruhen sollen. Wir verschlechtern die Lage durch unsere Sorgen, unseren Stress, unsere Ängste. Meditation kann uns helfen, Spannungen zu lösen, unsere Sorgen, unsere Angst, unsere Wut zu umarmen; und das ist sehr heilsam. Wir lassen die Natur ihre Arbeit tun. Die Kunst des Ruhens und Entspannens wieder zu erlernen ist sehr wichtig.

Sind wir mit uns selbst in Frieden, dann werden die Elemente unseres Körpers und unseres Geistes harmonisch zusammenwirken, und das ist die Grundlage der Heilung. Verschiedene Elemente des Körpers kommen zusammen und arbeiten in Harmonie. Die chemischen Stoffe werden in genau dem Maße, wie wir sie brauchen, freigesetzt. Und wir werden nicht zu viele chemische Stoffe wie Adrenalin produzieren.

Der Buddha spricht von dem »zweiten Pfeil«. Wenn Sie von einem Pfeil getroffen werden, empfinden Sie Schmerzen. Trifft ein zweiter Pfeil Sie an derselben Stelle, wird der Schmerz zehn Mal schlimmer sein. Der Buddha empfahl, bei Schmerzen in Körper oder Geist ein- und auszuatmen und die Bedeutsamkeit des Schmerzes anzuerkennen, aber sie nicht zu übertreiben. Wenn Sie über den Schmerz besorgt sind, ängstlich sind, sich dagegen auflehnen, wütend darüber sind, dann vergrößern Sie den Schmerz auf mindestens das Zehnfache. Ihre Sorgen sind der zweite Pfeil. Sie sollten sich selbst schützen und den zweiten Pfeil nicht zulassen, denn der zweite Pfeil kommt von Ihnen.

F: Gibt es einen spirituellen Pfad für Menschen, die mit unheilbaren Krankheiten zu kämpfen haben?

A: Eine schwere Erkrankung kann eine Glocke der Achtsamkeit sein, mit der unsere wahre Praxis beginnt und die unser spirituelles Leben einläutet. Unsere Krankheit kann von daher ein positives Element enthalten, das uns hilft zu wachsen. Sie ist eine Glocke der Achtsamkeit für uns und alle Menschen in unserem Umfeld. Die Praxis der Akzeptanz, bei der wir uns nicht um Dinge sorgen, sondern den gegenwärtigen Moment genießen, besitzt für uns alle die Kraft der Heilung. Viele, die an Krebs erkrankt waren, vermochten längere Zeit zu überleben.

Ein Kanadier sagte mir bei unserer ersten Begegnung, dass der Arzt ihm noch zwei Monate zu leben gegeben habe. Ich sagte: »Können Sie mit mir diese Tasse Tee genießen? Vergessen Sie alles andere; seien Sie nur gewahr, dass Sie noch leben und mit Mitgliedern Ihrer Sangha zusammensitzen. Richten Sie Ihre Aufmerksamkeit nur auf den Tee und genießen Sie diesen Moment.« Und er konnte es. Nachdem er die Fünf Achtsamkeitsübungen empfangen hatte, lebte er noch dreizehn Jahre lang. Wir können es nicht wissen. Profitieren Sie von Ihren Tagen, Monaten, Jahren, von der Lehre und der Praxis. Genießen Sie jeden Augenblick Ihres Lebens und schauen Sie tief, um Ihre wahre Natur von Nicht-Geburt und Nicht-Tod zu berühren. Diese Wolke am Himmel – sie kann nicht sterben, sie kann nur zu Schnee oder Regen werden. Eine am Himmel dahinziehende Wolke zu sein ist schön, doch Regen zu werden, der auf die Erde herabfällt, ist auch schön. Mit dieser Einsicht werden Sie Ihren Weg ohne Angst weitergehen. Und wenn Sie in Ihrem täglichen Leben schöne

Gedanken denken, in schöner Weise sprechen und mitfühlend handeln, dann werden Sie in schöner, vielfältiger Weise in der Zukunft fortdauern. Die Auflösung dieses Körpers ist nicht das Ende. Diese Einsicht ist für unser wahres Glück, für unsere Nicht-Angst entscheidend.

Alles kann eine Glocke der Achtsamkeit sein, auch das Leiden. Das Leiden von Alter, Krankheit und Tod kann eine machtvolle Glocke der Achtsamkeit sein. Es sind mächtige Boten. Lasst uns für diese Glocken der Achtsamkeit bereit sein und uns in die Richtung bewegen, in die die Menschheit gehen sollte. Lasst uns einander bei der Hand nehmen und zusammen gehen, denn wenn wir es nicht zusammen tun, gibt es keine Hoffnung.

F: Viele von uns erleben chronische Depressionen, die manchmal organische Ursachen haben. Können wir unsere Depression durch die Praxis heilen oder sollten wir vielleicht auch Medikamente nehmen?

A: Unsere geistigen Formkräfte, unsere Angst, unsere Wut und Verzweiflung produzieren viele Arten chemischer Stoffe in unserem Blutkreislauf. Der Geist beeinflusst den Körper und der Körper beeinflusst den Geist. Körper und Geist *intersind*, sie durchdringen einander. Ich bin nicht gegen Medikamente, aber ich empfehle sehr die Achtsamkeitspraxis, sodass man sich immer weniger auf Medikamente stützen muss. Eines Tages finden Sie vielleicht heraus, dass Sie imstande sind, auch ohne Medikamente gut zurechtzukommen. Wir können viel tun, um die Funktionsweise unseres Geistes zu verändern. Sind wir in der Lage, unsere geistigen Formkräfte

zu verändern, werden wir wissen, wie wir uns entspannen, wie wir unsere Sorgen und Ängste umarmen und transformieren können. Und wenn wir unsere geistigen Formkräfte ändern, ändern wir die Elemente unseres Körpers und fördern ein gesundes Gleichgewicht der chemischen Stoffe, die er produziert.

Wenn Sie das Gefühl haben, die Medikamente weiterhin zu brauchen, dann nehmen Sie sie. Doch vertrauen Sie nicht nur darauf; vertrauen Sie Ihrer Praxis. Die Umgebung ist auch sehr wichtig. Zum Beispiel schalten sich Gene nicht von selbst an; das geschieht durch die Umgebung. Suchen Sie sich eine gesunde, heilsame Umgebung mit vielen Elementen, die die positiven Samen in Ihnen wässern, die Samen der Freude, des Mitgefühls, der Nicht-Angst. Sie werden feststellen, dass Heilung dann sehr schnell geschieht. Alles, mit dem Sie in Berührung kommen – Gespräche, Filme, Bücher, Musik –, sollte Ihnen helfen, die besseren Dinge in sich anzuregen. Lauschen Sie einem Dharmavortrag, werden die guten Samen in Ihnen gegossen. Erfahren Sie von den mitfühlenden Taten anderer Menschen, stärkt das Ihr Vertrauen in das Leben und die Zukunft, und das wässert die Samen der Hoffnung und des Mitgefühls in Ihnen. Lassen Sie also zu, dass gute Situationen die guten Samen in Ihnen wässern. Das ist sehr heilsam.

Wir sollten in der Lage sein, für unsere Kinder, unsere Freundinnen und Freunde eine gesunde Umgebung zu schaffen. Wir können Gemeinschaften bilden, in denen wir einfacher leben und weniger konsumieren und die Gemeinschaftsmitglieder so glücklicher leben. Widmen Sie Ihr Leben einer solchen Aktivität des Aufbaus gesunder, einfach lebender Gemeinschaften, werden Sie daraus viel Freude beziehen. Die Menschen, mit denen Sie leben, werden wissen, wie man lächelt, wie man jeden Schritt genießt, wie man sich am Moment erfreut. Das unterstützt den Heilungsprozess sehr.

F: Wenn wir sehr lange an einer Krankheit mit großen Schmerzen leiden, ist es uns da erlaubt, unser Leben zu beenden, vorausgesetzt wir haben das mit unserer Familie und unserer Sangha besprochen?

A: Zu Zeiten des Buddha gab es in seiner Gemeinschaft Mönche, die sehr schwer erkrankten. Der Buddha gab viele Belehrungen darüber, wie wir während unserer letzten Lebenstage praktizieren sollten, zum Beispiel die Lehren für die Kranken und die Fünf Gewissheiten[5]. Wir sollten sie studieren, um zu lernen, wie wir leidenden oder sterbenden Menschen zu helfen vermögen. Wir können diese Belehrungen auch auf unser eigenes Leben anwenden lernen, wenn wir lebensgefährlich erkranken. Es gibt Möglichkeiten, unsere körperlichen Schmerzen zu mindern. Der Buddha hilft uns dabei, weniger körperlichen Schmerz zu empfinden. Wir erkennen die Existenz unserer körperlichen Schmerzen an, aber vergrößern sie nicht durch Angst oder Verzweiflung.

Wenn Sie mich fragen, ob es in Ordnung ist, dem eigenen Leben ein Ende zu setzen, wenn es unerträglich geworden ist, so sage ich, dass wir als Erstes versuchen sollten, Hilfe zu bekommen. Wir können bezüglich der Sterbehilfe nicht dogmatisch sein, wir müssen jeden Einzelfall untersuchen. Manchmal müssen wir einem Menschen beim Sterben helfen, weil sein Leiden so massiv geworden ist, dass es gegen die

5 Siehe S. 148.

Praxis des Mitgefühls verstieße, ließen wir ihn weiter leiden. Doch sollte das unter Einbeziehung der kollektiven Einsicht der Ärzte, der Familien und des Betroffenen geschehen. Die kollektive Einsicht der Sangha, der Gemeinschaft, ist ganz wesentlich bei der Entscheidung, was in einem solchen Fall zu tun ist.

Haben Sie einen Arzt oder eine Freundin, der oder die sich mit Schmerzen auskennt, können Sie darum bitten, Ihnen zu sagen, dass dies nur körperliche Schmerzen sind. Er oder sie kann Ihnen genau sagen, was es ist, sodass Sie die Schmerzen nicht durch starke Emotionen wie Angst, Wut oder Verzweiflung überbewerten. Es gibt noch weitere Möglichkeiten, mit Schmerzen umzugehen. Sie können Ihr inneres Gleichgewicht wiederherstellen, sodass die Schmerzen erträglich werden. Wenn Sie die positiven Samen in sich wässern, leiden Sie weniger und spüren, dass Sie weitermachen können. Leiden Sie sehr, haben Sie vielleicht das Gefühl, nicht genügend Stärke zu besitzen, um damit allein zu sein. Hält eine Freundin Ihre Hand, spüren Sie, dass Sie die Schmerzen ertragen und weitermachen können. In Ihnen gibt es Stärke und Glück. Berühren Sie diese Elemente, werden sie sich manifestieren und Ihnen bei der Wiederherstellung des inneren Gleichgewichts helfen, und Sie werden Ihre körperlichen Schmerzen leichter ertragen können.

Als eine von Schwester Chan Khongs Schwestern im Krankenhaus im Sterben lag, war sie im Koma und litt sehr: Sie wälzte sich unruhig hin und her, stöhnte und weinte die ganze Zeit. Weder ihr Mann noch ihre Kinder, noch die Ärzte wussten, wie man ihr helfen könnte. Dann kam Schwester Chan Khong. Man sagte ihr, ihre Schwester könne sie nicht hören, da sie im Koma liege. Schwester Chan Khong spielte ihr dann eine Aufnahme der Mönche und Nonnen aus Plum Village vor, mit der Anrufung des Namens von Avalokiteshvara[6] in vietnamesischer Sprache. Sie setzte ihrer Schwester Kopfhörer auf und drehte die Lautstärke hoch. Nach nur einer halben Minute geschah ein Wunder. Ihre Schwester wurde sehr ruhig, und von diesem Augenblick bis zu ihrem Tod schrie sie nicht mehr vor Schmerzen auf.

Schwester Chan Khongs Schwester trug den Samen der Praxis in sich. Sie hatte diese Anrufung zuvor bereits gehört und wusste, dass sie zu ihrer spirituellen Tradition gehörte. Diese wurde während der letzten Wochen ihres Lebens zur Quelle ihres Friedens und Wohlergehens, während die anderen Menschen, die um sie waren, nicht wussten, wie sie ihr hätten helfen können, mit den Samen des Wohlergehens in Berührung zu kommen. Diese Samen waren schwächer geworden, und sie selbst wurde von Schmerz und Verzweiflung überwältigt. Die Anrufung, die sie unmittelbar durchdrang, vermochte die Quelle der spirituellen Energie in ihr zu berühren. Diese Energiequelle gab ihr genügend Stärke, das Gleichgewicht wiederherzustellen, das sie brauchte.

Wir müssen erkennen, dass wir auch in Zeiten physischen Schmerzes immer noch viele schmerzfreie Elemente in uns haben, wie Gefestigtheit, Wohlgefühl und Vertrauen. Um unser Gleichgewicht wiederzuerlangen, müssen wir diese Samen berühren. Praktizieren wir die Lehren des Buddha, wissen wir, was wir für Menschen tun können, die sterben oder sehr leiden. Wir wissen, was wir für die tun müssen, die ihr Gleichgewicht verloren haben. Wenn der Buddha oder seine älteren Schüler einen Sterbenden aufsuchten, wussten sie immer, wie

6 Avalokiteshvara ist der Bodhisattva des großen Mitgefühls und tiefen Zuhörens.

sie ihn unterstützen konnten, seine Balance wiederzufinden, sodass er weniger litt. Die Praxis besteht darin, die Samen des Glücks und des Wohlgefühls in dem Menschen zu wässern; das hilft immer.

F: Wie kann die Praxis Menschen helfen, die den Selbstmord eines geliebten Menschen erleben mussten?

A: Ein Mensch, der sich das Leben nimmt, handelt so, weil er mit seinem Leiden, seinem Schmerz und seinen Emotionen nicht umgehen konnte. Haben wir ihm vor dieser Tat nicht helfen können, müssen wir daraus lernen, um zukünftig bereitzustehen, anderen selbstmordgefährdeten Menschen zu helfen. Wir haben immer noch Menschen, die uns nahestehen, und fehlt es uns an Aufmerksamkeit, mag einer von ihnen ebenfalls Selbstmord begehen. Wenn wir also aus der Vergangenheit lernen, müssen wir nicht mehr leiden, da der Verlust eines Menschen die Voraussetzung dafür wurde, dass wir anderen helfen. Warten Sie nicht darauf, bis Sie auf diese Weise einen zweiten Ihnen nahestehenden Menschen verlieren. Wir wollen nicht, dass es erneut geschieht. Mit dieser Überzeugung praktizieren wir. Es ist möglich, einem gequälten Menschen zu der Sicht zu verhelfen, dass er ein Bodhisattva werden kann, eines jener großen Wesen, das anderen Leidenden hilft. Er mag nichts mit seinem Leben anzufangen wissen; wir können ihm zeigen, dass es einen wunderbaren Weg gibt, sein Leben dafür einzusetzen, dass andere weniger leiden. Viele haben das getan. Können wir auf diese Weise helfen, wird der Mensch, der gegangen ist, lächeln, denn sein Tod ist von großem Nutzen gewesen.

F: Unser Kind ist sehr schwer krank. Wie können wir unsere Angst transformieren?

A: Schauen wir tief in die Wirklichkeit, die in uns ist und die uns umgibt, dann können wir erkennen, dass sich etwas auf sehr schöne Weise in seiner Ganzheit manifestieren kann, wenn die Bedingungen dafür ausreichend sind. Doch sind die Bedingungen nicht ausreichend, dann kann die Manifestation auf halbem Wege gestoppt werden. Mit diesem Verständnis leiden wir nicht so sehr. Wenn das Kind nicht weiterlebt, dann wird es andere Möglichkeiten suchen, zurückzukommen.

In einem Jahr gab es in Plum Village einen sehr warmen Winter und die schönen japanischen Quitten blühten früher als üblich im Dezember. Während der Gehmeditation sagte ich: »In diesem Jahr werden wir wunderschöne Blüten an Neujahr zum Schmücken der Dharmahalle haben.« Eine Woche später ließ ein Kälteeinbruch alle Knospen erfrieren. Während der Gehmeditation sagte ich: »In diesem Jahr werden wir keine wunderschönen Blüten zum Schmücken der Dharmahalle haben.« Und ich war überzeugt, dass wir in diesem Jahr keine japanischen Quitten mehr haben würden, da alle erfroren waren. Doch bei einer Gehmeditation zehn Tage später sah ich, wie sich die Knospen erneut bildeten. Und ich wusste, dass wir doch wieder Blüten haben würden.

Wenn die Bedingungen nicht ausreichen, dann ziehen sich die Blüten zurück, um dann erneut hervorzukommen. So ist es auch mit Babys. Sind die Bedingungen nicht gut für das Baby, damit es als schöner junger Mensch weitermachen kann, dann zieht es sich zurück, um in einer anderen Form zu einer anderen Zeit wiederzukommen. Sorgen Sie sich nicht. Sie werden Ihre Tochter nicht verlieren. Erlauben Sie ihr, sich

zurückzuziehen, um später noch einmal zu kommen. Das gilt für alle Gattungen – Tiere, Blumen, Früchte und so weiter. Wenn Eltern mit diesem Blick zu sehen vermögen, dann werden sie nicht so sehr leiden. Unbeständigkeit ist Realität. Weisheit hilft uns, gefestigt zu sein. Wir werden nicht zusammenbrechen, denn wir wissen, dass nichts verloren geht. Sind die Bedingungen ausreichend, werden die, die wir verloren glaubten, erneut kommen, so wundervoll wie zuvor.

F: Warum gibt es in unserer Gesellschaft so viel Fettleibigkeit? Wie kann ich lernen, nicht mehr zu viel zu essen?

A: Menschen können nicht mit dem Essen aufhören, weil sie ein Vakuum in sich spüren. Sie sind nicht in der Lage, mit ihrem Leiden umzugehen, und ihre innere Leere lässt sie weiter leiden. In die Küche zu gehen und sich etwas zu essen zu holen lässt sie ihre Probleme und ihr Unbehagen vergessen. In Plum Village folgen wir der Richtlinie, nur in Gemeinschaft zu essen. Jeder Mönch und jede Nonne hat eine Schale, genannt das »Gefäß des ausreichenden Maßes«, sodass sie sich nur die ausreichende Menge Nahrung nehmen. Vielleicht möchten Sie eine solche Gemeinschaft gründen, mit freudigen Menschen, die rechtes Essen entsprechend den Fünf Essensbetrachtungen[7] praktizieren.

Mit der Unterstützung einer liebevollen Gemeinschaft werden Sie imstande sein, neue Gewohnheiten zu entwickeln. Achtsamkeit hilft uns, unsere Gewohnheiten zu erkennen. Wir sagen: »Hallo, meine Gewohnheit, ich weiß, du bist da

7 Siehe S. 148.

und drängst mich, in die Küche zu gehen und den Kühlschrank zu öffnen.« Praktizieren Sie allein, ist das schwierig. Die Versuchung kann größer sein als Ihre Achtsamkeit. Achtsamkeit ist als kollektive Energie sehr viel stärker. Leben Sie mit drei, vier oder fünf Mitgliedern einer Gemeinschaft, die gut praktizieren, dann ist es einfacher. Langsam werden Sie neue Gewohnheiten annehmen. Es ist wundervoll, neue Gewohnheiten zu erlernen. Sie können während der Mahlzeiten friedvoll und glücklich sein. Richten Sie Ihre Aufmerksamkeit beim Essen auf das Stück Karotte, das Stück Brot, das Sie essen, und Sie empfangen es als Botschafter des Universums. Jeder Bissen ist eine Gelegenheit zu praktizieren. Kauen Sie die Nahrung sorgsam zwanzig oder dreißig Mal, dann spüren Sie, dass Sie nicht so viel essen müssen. Ihr Körper wird Ihnen sagen, wann Sie aufhören sollten. Hören Sie auf den Körper, der Körper weiß es.

F: Was wird aus unserem Bewusstsein nach unserem Tod?

A: Was ist mit dem Bewusstsein, während Sie leben? Wenn Sie diese Frage beantworten können, wird auch die andere Frage beantwortet sein.

Wir sollten uns darin üben, mit Augen zu sehen, welche die Wirklichkeit erkennen können ohne die Formen, die wir gewohnheitsmäßig wahrnehmen. Betrachten Sie einen jungen Getreidehalm, dann sehen Sie nicht mehr den Getreidesamen, aus dem die Pflanze entstanden ist. Doch im tiefen Schauen können Sie den Getreidesamen in seiner neuen Form sehen: als Getreidehalm. Das ist eine tiefgreifende Praxis. Sie ist das Tor der Befreiung von Angst, Gier und Verzweiflung.

Wir sind noch nicht imstande, uns selbst klar und auf tiefe Weise zu sehen. Wir sind noch nicht in der Lage, andere Menschen klar und auf tiefe Weise zu sehen. Wir bleiben noch zu sehr an der Oberfläche der Dinge und wissen nicht, wer wir wirklich sind oder wer sie wirklich sind. Darum sind unsere Vorstellungen von Geburt und Tod, von Sein und Nichtsein ebenfalls sehr oberflächlich. Die Praxis buddhistischer Meditation ist es, zu einer tiefen Wahrnehmung dessen, was ist, zu gelangen. Wenn Sie einen Menschen anschauen, vielleicht Ihre Liebste, dann schauen Sie in tiefer Weise. Warten Sie nicht, bis sie gestorben ist, um nach ihr zu schauen. Schauen Sie jetzt. Dann sehen Sie, wie die Zellen des Körpers zusammenwirken, fließen wie ein Strom. Wir sehen einen Strom von Gefühlen, vielen Gefühlen, die aufeinanderfolgen. Wir sehen einen Wahrnehmungsstrom. Wir sehen einen Strom geistiger Formkräfte und einen Bewusstseinsstrom. Bewusstsein ist keine unveränderbare, dauerhafte Entität; es ist ein Prozess, ein Strom. Schauen wir in tiefer Weise, erkennen wir, dass auch unser Körper kein festes Ding, sondern ein Prozess ist. Fortwährend werden Zellen geboren und sterben Zellen; sie folgen aufeinander.

Schauen Sie mit den Augen der Zeichenlosigkeit, wird Ihnen das helfen, die äußere Form eines Menschen zu transzendieren. Sind Sie dazu imstande, werden Sie nicht trauern, wenn die Erscheinung nicht mehr da ist. Denn selbst wenn die Erscheinung fort ist, so ist Ihre Liebste noch irgendwo. Die Auflösung des Körpers ist überhaupt nichts. Nichts ist verloren gegangen. Haben wir nicht diese Form, dann haben wir eine andere Form. Haben wir nicht die Wolke, dann haben wir den Regen. Haben wir nicht den Regen, dann haben wir den Tee. Das ist die Praxis. Ihr Körper, Ihre Präsenz und Ihr Bewusstsein bewohnen Zeit und Raum und gehen darüber hinaus. In diesem Sinne gibt es kein »vor« und kein »nach« unserem Tod. Mit genügend Energie der Achtsamkeit und Konzentration sind wir zu diesem Gewahrsein fähig. Dann werden wir die Vorstellung von Geburt und Tod transzendieren.

F: Was kann uns helfen, Trost daraus zu schöpfen, dass unsere Liebsten nach ihrem Tod in anderen Formen fortdauern werden?

A: Betrachten Sie einen Orangenbaum, erkennen Sie, dass der Orangenbaum schöne grüne Blätter, wohlriechende Orangenblüten und süße, saftige Orangen produziert. Das sind die Dinge, die ein Orangebaum der Welt anzubieten hat. Bei einem Menschen ist es genauso. Im täglichen Leben produziert er Gedanken, Worte und Handlungen. Unsere Gedanken können schön, mitfühlend und liebevoll sein. Unsere Sprache kann mitfühlend, inspirierend, voller Liebe und Verstehen sein. Und auch unsere Handlungen können mitfühlend, bewahrend, heilend sowie uns und andere unterstützend sein. Wir können, wenn wir tief in den gegenwärtigen Augenblick hineinschauen, sehen, dass wir Gedanken, Worte und Handlungen produzieren. Der buddhistischen Tradition zufolge sind unsere Gedanken, unsere Worte und unsere Handlungen unsere wahre Fortführung.

Sobald wir einen Gedanken produziert haben, wird er für lange Zeit da sein. Sobald wir etwas gesagt haben, werden unsere Worte für lange Zeit bleiben. Sobald wir etwas getan haben, kann unsere Handlung weit in die Zukunft hinein-

wirken. Nehmen wir an, Sie produzieren einen Gedanken des Mitgefühls und der Vergebung. Dieser Gedanke hat sofort eine heilende Wirkung auf Ihren Körper und Ihren Geist. Er hat auch sofort eine heilende Wirkung auf die Welt, und er wird eine bis in die Zukunft reichende heilende Wirkung haben. Es ist also sehr wichtig, in der Lage zu sein, einen Gedanken des Mitgefühls, der Unvoreingenommenheit und Vergebung zu schaffen.

Viele Leute glauben, dass nach Auflösung des Körpers nichts mehr bleibt. Auch viele Wissenschaftler glauben das noch. Doch sind unsere Gedanken, Worte und Taten von uns geschaffene Energien, die noch lange weiterexistieren werden. Wir können eine gute Fortdauer dadurch sicherstellen, dass wir gute Gedanken, Worte und Taten schaffen. Sie können einen Menschen nicht zerstören, können ihn nicht auf Nichtsein reduzieren. So wie auch eine Wolke nicht sterben kann, so kann auch ein Mensch unmöglich nichts werden. Durch tiefes Schauen in unsere wahre Natur, in die Natur der Sie umgebenden Menschen, werden Sie die Art der Einsicht entwickeln, die Sie von Sorgen, Angst und Wut befreien wird. Nicht-Angst, die Erkenntnis, dass es keine Geburt und keinen Tod gibt, ist das größte Geschenk, das uns durch die Praxis tiefen Schauens zuteil wird.

Sechstes Kapitel

Fragen von Kindern

F: Wer war der Buddha?

A: Der Buddha war ein Mensch wie du und ich. Er war ein Prinz mit Namen Siddhartha und lebte vor 2600 Jahren in Nepal. Er hatte alles, was er sich nur wünschen konnte: einen schönen Palast, Reichtum, das beste Essen, luxuriöse Ferien und große Macht. Er war ein sehr begabter Schüler und lernte sehr gut. Er wuchs heran, heiratete und bekam einen Sohn. Doch er war nicht glücklich. Er wusste, dass irgendetwas Wichtiges in seinem Leben fehlte. Obwohl sein Vater versuchte, alles menschliche Leid vor ihm verborgen zu halten, sah Siddhartha, wie sehr Menschen leiden mussten und wie wenig sein Vater, der König, in der Lage war, ihnen zu helfen.

Sein Vater wollte, dass er König wird, doch Siddhartha wollte kein König werden. Stattdessen war er entschlossen, Mönch zu werden, um sich selbst vom Leiden zu befreien und dann anderen helfen zu können. Siddhartha verließ während der Nacht den Königspalast, verließ seine Frau und seinen Sohn, ging in die Wälder und lebte und praktizierte dort viele Jahre als Mönch. Schließlich wurde er ein Buddha, ein vollkommen erleuchteter Mensch. Dann begann er zu lehren. Er lehrte fünfundvierzig Jahre lang und half vielen Menschen –

reichen Menschen, armen Menschen, Menschen aller Art –, und er hatte viele Schüler und Schülerinnen. Mit achtzig Jahren starb er. Seine Lehren wurden über Generationen hinweg weitergegeben, und nun sind wir seine Schülerinnen und Schüler.

Der Buddha sagte, dass jeder von uns ein Buddha werden kann, so wie er. Wenn wir Liebe, Verstehen und Frieden haben und unsere Wut, unsere Eifersucht umwandeln können, dann können wir ein Buddha werden wie er. Im Universum gibt es noch viele andere Buddhas. Wo immer es Menschen gibt, gibt es die Möglichkeit, dass sich ein Buddha oder viele Buddhas zeigen.

F: Was bedeutet »Dharma«?

A: Dharma ist die Praxis der Liebe und des Verstehens. Dharma kann in Form eines Dharmavortrags oder vielleicht in Form eines Buches daherkommen. Das beste Dharma ist das lebendige Dharma, das von einem oder einer Praktizierenden verkörpert wird. Wenn du ihn oder sie anschaust, siehst du, dass Frieden, liebende Güte, Verstehen und Mitgefühl gegenwärtig sind. Das ist das lebendige Dharma. Lebendiges Dharma ist, wenn du achtsam atmest, deinen Geist beruhigst, deine Gefühle beruhigst und so weiter.

Der Buddha hat das Dharma an viele Generationen übermittelt. Nun sind wir, du und ich, die Fortführung des Buddha, und dank unserer Praxis halten wir das Dharma lebendig, sodass wir es weitergeben können. Dharma ist die Essenz eines Buddha. Dank des Dharma leiden Menschen weniger und können glücklicher und liebevoller sein. Ohne inneres

Dharma ist der Buddha kein Buddha. Ohne inneres Dharma ist eine Sangha keine wahre Sangha. Deine Praxis sollte darin bestehen, das Dharma lebendig zu halten und tagtäglich erblühen zu lassen, um deines Glückes willen und um des Glückes anderer willen. Wenn du Dharma in dieser Weise verkörperst, dann nennen wir das den »Dharmakörper«.

F: Was ist das Wichtigste, das wir tun können, um erleuchtet zu werden?

A: Erleuchtung ist nicht etwas, das weit weg wäre. Du musst nicht für lange Zeit praktizieren, um erleuchtet zu werden. Bis zu einem gewissen Grad kannst du hier und jetzt erleuchtet sein. Es ist wie Gesundheit und Wohlgefühl. Wenn du beim Teetrinken weißt, dass du deinen Tee trinkst, bist du konzentriert und merkst, dass Teetrinken etwas ist, das du gern tust. Achtsam Tee trinken ist also eine Art Erleuchtung. Viele Leute trinken ihren Tee, doch wissen sie meist nicht, dass sie Tee trinken. Sie sind so von ihrem Ärger, ihrer Angst, ihren Sorgen und Projekten eingenommen, dass sie noch nicht einmal Notiz von ihrem Tee nehmen. Achtsam sein für das, was im gegenwärtigen Moment geschieht, ist Erleuchtung. Gehst du umher wie ein Schlafwandler, dann ist das keine Erleuchtung. Gehst du dagegen achtsam und genießt jeden Schritt, dann ist Erleuchtung bereits da. Isst du achtsam, ist Erleuchtung da. Wir nennen es Achtsamkeit, doch Achtsamkeit ist der Beginn der Erleuchtung. Leben wir in jedem Augenblick unseres täglichen Lebens achtsam, wird unsere Achtsamkeit stärker und machtvoller. Darum haben wir den Ausspruch: »Es gib keinen Weg zur Erleuchtung, Erleuchtung ist der

Weg.« Erleuchtung muss im Hier und Jetzt sein. Du trinkst deinen Tee, du gehst, du atmest, du sitzt, du wäschst deine Sachen so, dass Glück hier und jetzt möglich ist. Das ist unsere Praxis.

F: Wie kann man am besten meditieren?

A: Wir können in der Sitzhaltung meditieren, wir können aber auch meditieren, während wir gehen oder stehen. Meditation kann sehr zwanglos sein. Angenommen, du stehst in einer Schlange und wartest darauf, dir Essen zu nehmen. In der Situation kannst du achtsam ein- und ausatmen, dich an dir und den Leuten, die um dich sind, erfreuen. Fährst du achtsam Fahrrad und genießt dabei dein Ein- und Ausatmen, dann ist das Meditation. Genießt du beim Abwasch das Ein- und Ausatmen und lächelst du, kann das Abwaschen etwas sehr Angenehmes werden. Meditation ist also in allen möglichen Haltungen denkbar, ob du nun liegst, stehst, gehst, sitzt oder Dinge tust. Alles, was du achtsam tust, ist Meditation.

F: Wie können wir Angst überwinden?

A: Als Erstes musst du herausfinden, ob deine Angst von falschen Wahrnehmungen herrührt. Das achtsame, tiefe und langsame Ein- und Ausatmen kann dir helfen, tief in die Natur und die Wurzeln deiner Angst hineinzuschauen. Menschen haben Angst zu sterben, Menschen haben Angst, alt zu werden, verlassen zu werden. Menschen haben Angst, krank

zu werden. Menschen haben Angst, das zu verlieren, was ihnen heute teuer ist, die zu verlieren, die sie heute lieben, ihre Stelle zu verlieren und so weiter. Der Buddha hat uns empfohlen, nicht vor unserer Angst davonzulaufen, sondern uns unsere Angst genau anzuschauen. Die meisten von uns versuchen ihre Angst zu verdecken. Die meisten von uns fürchten sich, ihre Angst direkt anzuschauen. Statt sich von der Angst abzulenken oder sie zu ignorieren, schlug der Buddha vor, den Samen der Angst zum Stillstand zu bringen, zu erkennen, dass er da ist, und ihn mit deiner Achtsamkeit zu umarmen. Mit der Angst sitzen, statt zu versuchen, sie wegzustoßen oder zuzuschütten, das kann sie verwandeln. Dies gilt für all deine Ängste, für die kleinen wie für die großen. Du musst dich nicht davon überzeugen, nicht ängstlich zu sein. Du musst deine Angst nicht bekämpfen oder überwinden. Mit der Zeit wirst du herausfinden, dass deine Angst, wenn sie sich wieder zeigt, schon ein wenig schwächer geworden ist.

F: Wie können wir mit Wut umgehen?

A: Manchmal sind wir wütend, akzeptieren es aber nicht, wütend zu sein. In diesem Fall brauchen wir eine Freundin, die sagt: »Liebe Freundin, du bist wütend.« Doch bist du ein guter Praktizierender, dann brauchst du keinen Freund dafür, weil du dich ja in Achtsamkeit übst und dir bewusst bist, was in dir geschieht. Wenn Wut hochkommt, merkst du es. Du atmest achtsam und sagst:

Einatmend weiß ich, dass Wut in mir ist.
Ausatmend kümmere ich mich gut um meine Wut.

Sage sonst nichts und tue auch nichts, weil aus Wut heraus zu handeln oder zu sprechen sehr destruktiv sein kann. Kehre einfach zu dir selbst zurück und atme weiter achtsam ein und aus; gehe achtsam, um deine Wut zu umarmen, sie zu erkennen und sie zu lindern. Schau sie dir danach genau an und frage dich, wodurch sie verursacht wurde.

Möglicherweise sind wir die Hauptursache unseres eigenen Leidens und unserer Wut, denn oft ist der Samen der Wut in uns bereits zu groß. Sobald wir etwas Unerfreuliches hören oder sehen, wird dieser Samen in uns gegossen und wir werden wütend. Unser Leiden kommt also meist aus uns selbst und nicht von einer anderen Person her. Die andere Person ist nur die sekundäre Ursache. Schau dir deine Wut genau an, und du wirst vielleicht feststellen, dass deine Wut von deinen falschen Wahrnehmungen, falschen Auffassungen und Missverständnissen herrührt; und wenn du das erkennst, ist deine Wut verwandelt.

F: Ich sorge mich so viel, dass ich kaum zu dem komme, was ich tun müsste. Wie kann ich aufhören, mir ständig Sorgen zu machen?

A: Indem du lernst, dich um den gegenwärtigen Augenblick zu kümmern. Lass nicht zu, dass du dich in der Vergangenheit oder in der Zukunft verlierst. Indem wir uns gut um den gegenwärtigen Augenblick kümmern, sind wir imstande, die negativen Dinge der Vergangenheit zu ändern und eine gute Zukunft vorzubereiten. Wir neigen dazu, uns Sorgen darüber zu machen, was zukünftig passieren könnte. Die Praxis hilft uns, nach Hause in den gegenwärtigen Augenblick zurück-

zukehren, zu unserem Körper, unseren Gefühlen, dem, was uns umgibt. Atmen wir achtsam ein und aus, bringt das unseren Geist zum Körper zurück und wir sind wahrhaft da, um uns um den gegenwärtigen Augenblick zu kümmern. Spüren wir Stress oder irgendwelche körperlichen Anspannungen, dann atmen wir achtsam, um die Spannungen zu lösen, und das bringt uns ein Gefühl der Erleichterung. Bei einem schmerzvollen Gefühl, das wir wahrnehmen, nutzen wir die Achtsamkeit, um es zu umarmen und Erleichterung zu finden. Der Schlüssel ist unsere vollkommene Präsenz im gegenwärtigen Augenblick, damit wir uns um uns und das, was um uns geschieht, kümmern können. Du denkst nicht zu sehr über die Zukunft nach oder stellst dir vor, was alles sein könnte; und du steckst nicht zu sehr in der Vergangenheit fest. Du musst dich darin üben, wie du nach Hause in den gegenwärtigen Augenblick zurückkehren und dich um diesen Moment sowie um deinen Körper und deine Gefühle in diesem Moment kümmern kannst. Das ist der wirkungsvollste Weg, mit Ängsten und Sorgen umzugehen.

Indem du lernst, mit dem gegenwärtigen Augenblick umzugehen, wirst du Zutrauen in deine Fähigkeit gewinnen, mit der gesamten Situation umzugehen. Du lernst, wie du dich um deine Gefühle und das, was um dich herum geschieht, kümmerst. Das stärkt Vertrauen und Zuversicht, und wenn die wachsen, bist du nicht länger ein Opfer deiner Sorgen.

F: Geht beim Tod eines Menschen dessen Wissen verloren?

A: Den Lehren des Buddha zufolge kann nichts verschwinden. Wenn sich dein Körper auflöst, dann ist das nicht dein

Ende. Dieser Körper ist nur ein kleiner Teil von dir. Wir Menschen produzieren Gedanken, wir sprechen, wir handeln körperlich. Das ist unsere Fortführung. Im Buddhismus nennen wir das Karma. Karma bedeutet Handlung: Handlung in Gedanken, Worten und Taten. Dieser Gedanke ist unsere Fortführung, und wir *sind* dieser Gedanke. Ein Gedanke des Mitgefühls, der Vergebung, des Verstehens wird eine gute Wirkung auf deinen Körper, deinen Geist und auf die Welt haben. Ein Gedanke voller Wut, Hass und Gewalt wird eine negative Wirkung auf deinen Körper, deinen Geist und auf die Welt haben; und das ist keine so schöne Fortführung. Du solltest dich um schöne Gedanken bemühen – Gedanken des Mitgefühls, des Verstehens und der Vergebung. Der Buddha hat das als »Rechtes Denken« bezeichnet.

Was du jeden Tag an Gedanken, Worten und Handlungen produzierst, ist damit in der Welt, selbst wenn du es nicht siehst. Es ist wie farbloser Dampf in der Luft, wir können ihn nicht sehen, wissen aber, dass er da ist. Deine Gedanken, Worte und Taten sind deine Fortführung. Wenn du also deinen Körper betrachtet, musst du zu sehen lernen, dass er nur ein kleiner Teil von dir ist. Es ist wie bei einer Regenwolke hoch oben am Himmel, die hinabschaut und sieht, dass die Hälfte von ihr bereits in Form eines Flusses unten auf der Erde ist. Die Wolke am Himmel lächelt der Wolke auf der Erde zu und sagt: »Genieße deine Reise, ich werde dich bald begleiten.« Du kannst diese Wolke sein, die den Teil von sich betrachtet, der bereits in der Zukunft ist, und sagen: »Genieße deine Reise. Bald werde ich dich begleiten.« Deine Intelligenz, deine Liebe, dein Hass, deine Freude, dein Frieden, dein Leiden, sie sind nicht nur hier, sondern auch dort als das, was dich fortführt.

F: Was soll ich tun, wenn andere Kinder mich ärgern?

A: Wenn andere Kinder uns ärgern, werden wir vielleicht wütend, sagen etwas Unfreundliches oder tun etwas, um sie zu bestrafen, und das ist nicht gut. Als Praktizierender gehst du zurück zu deinem Einatmen und deinem Ausatmen, du bleibst ruhig und sagst dir: »Das ist eine Herausforderung. Kann ich ruhig bleiben, bin ich ein guter Praktizierender. Reagiere ich gewalttätig, werde ich leiden und dann bin ich kein guter Praktizierender.« Kehre also zu deinem Einatmen, zu deinem Ausatmen zurück, atme friedvoll ein und friedvoll aus und lächle dem Kind zu, das dich ärgert. Wenn du das Kind mit Mitgefühl ansehen kannst, wirst du dich sehr viel besser fühlen. Du handelst wie ein junger Buddha und antwortest mit einem Lächeln, mit liebender Güte und Mitgefühl auf eine Provokation. Das wird den anderen, der dich ärgert, entwaffnen. Wenn du das kannst, ist das schon ein großer Sieg.

F: Wie kann ich meine Launen kontrollieren?

A: Am besten ist es, sie nicht zu kontrollieren, sondern mit ihnen zu sein, Freundschaft mit ihnen zu schließen. Sobald du sie zu kontrollieren versuchst, kann es einen Kampf geben zwischen dir und deinen Launen. Es ist also besser, sie nicht zu kontrollieren, sondern mit ihnen zu sein und dich um sie zu kümmern. Mit deiner Wut oder Angst ist es das Gleiche – du kämpfst nicht gegen deine Wut oder Angst an, du erkennst einfach, dass du wütend oder ängstlich bist.

Einatmend weiß ich, dass ich wütend bin.
Ausatmend umarme und erkenne ich meine Wut.
Ich weiß, dass ich mich gut um meine Wut kümmere.

Der beste Umgang mit deinen Launen besteht also darin, mit ihnen zu sein und dich um sie zu kümmern, wie ein großer Bruder sich um seinen jüngeren Bruder oder die kleine Schwester kümmert. Es ist besser, nicht zu kämpfen. In der buddhistischen Tradition der Meditation gibt es kein Kämpfen, nur ein Erkennen, Umarmen und Helfen.

F: Ich gehe auf einen katholische Schule; einige meiner Freundinnen sagen, dass der Katholizismus die einzig wahre Religion sei. Wie kann ich ihnen zeigen, dass Katholikin zu sein nicht der einzige Weg zu spiritueller Erfüllung ist?

A: Es gibt in der Welt viele spirituelle Traditionen. Eine Tradition muss die anderen nicht ausschließen. Jede Tradition gehört zum spirituellen Erbe der Menschheit. Wir müssen sie alle wertschätzen. Es ist wie eine Schale voller Früchte. Liebst du Orangen, hast du die Freiheit, Orangen zu essen; doch verbietet dir niemand, auch Äpfel, Pfirsiche und Pflaumen zu genießen. Es wäre doch sehr traurig, würdest du nur Orangen essen. Viele von uns erfreuen sich an den Lehren und Praktiken des Buddhismus, doch wir haben auch unsere Freude an den Lehren und Praktiken des Islam, des Christentums, des Judentums und so weiter. Wir können von anderen Traditionen lernen. Leute, die sagen, ihre Tradition sei die einzig wahre, sind wie Menschen, die nur eine Obstsorte essen. Sie vermögen sich an den anderen Traditionen, den anderen

Früchten, nicht zu erfreuen. Sie verpassen sehr viel und sie sollten uns leid tun. Wir versuchen ihnen zu zeigen, dass sie mit einer offenen Haltung mehr Freude haben könnten. Langsam, geduldig, mit liebender Güte kannst du ihnen helfen, sich zu öffnen.

F: Können wir uns an irgendeines unserer vergangenen Leben erinnern?

A: Als ich tief in mich selbst hineinschaute, sah ich, dass ich in der Vergangenheit ein Fels, ein Baum, ein Eichhörnchen, ein Vogel, ein Fisch, eine Wolke, ein Fluss gewesen bin. Und schaue ich tief, so erkenne ich, dass ich noch immer ein Fels, ein Baum, ein Eichhörnchen, ein Vogel, ein Fisch, eine Wolke, ein Fluss bin – ich bin weiterhin all dies. Du denkst vielleicht, du bist nur ein menschliches Wesen, doch wenn du genau hinschaust, siehst du, dass du zur gleichen Zeit viele andere Dinge bist. Denk darüber nach. Du glaubst vielleicht, die Wolken wären oben am Himmel, doch sind die Wolken in Wirklichkeit in dir. Wenn du achtsam, meditativ eine Tasse Tee trinkst, siehst du, dass du eine Wolke trinkst. Wir trinken tagtäglich eine Wolke, erkennen es aber nicht. Die Wolke ist zu Regen geworden, der Regen zu Tee, und du trinkst nun die Wolke in Form des Tees. Mit Hilfe des tiefen Schauens können wir unsere früheren Leben sehen und wir sehen, wie diese uns auch im gegenwärtigen Moment begleiten. Vergangene Leben sind keine bloße Vorstellung. Wir haben uns von Steinen zu Wasser zu Einzellern zu menschlichen Wesen entwickelt. Wir alle haben viele Stadien des Seins durchlaufen und wir sind sie weiterhin, wir *inter-sind* mit ihnen.

F: Was wird mit den anderen Mönchen und Nonnen und der Sangha sein, wenn Sie einmal sterben?

A: Ich werde immer da sein. Ich habe mein Möglichstes getan, mich an jeden und jede weiterzugeben. Ich bin nicht außerhalb von dir; ich bin in dir. Und in einer wahren Sangha, einer Sangha, die gut praktiziert, sind immer der Buddha und das Dharma. Wenn du also spürst, wo immer du auch bist, dass in dir Sangha, Buddha und Dharma sind, dann gibt es keine Trennung. Wenn wir praktizieren, erkennen wir, dass sie alle in unserem Herzen sind. Um diese Wahrheit zu erkennen, braucht es etwas Zeit und Praxis. Wenn wir uns vor dem Buddha verbeugen, glauben wir vielleicht, der Buddha sitze da vor uns auf dem Altar. Doch der Buddha befindet sich nicht auf dem Altar; der Buddha ist in unserem Herzen. Der Buddha ist die Fähigkeit, achtsam zu sein, erwacht zu sein, liebevoll und annehmend zu sein, und wir wissen, dass diese Fähigkeit auch in unserem Herzen wohnt. Praktizieren wir gut, wird sie sich entwickeln. So wird die Vorstellung von außerhalb und innerhalb klarer. Schauen wir tief, so sehen wir, dass der, den wir lieben und respektieren, wirklich in uns ist.

F: Was kann ich tun, wenn ich traurig bin?

A: Es ist in Ordnung, traurig zu sein. Es ist gut, sich nicht vor der Traurigkeit davonzumachen, sondern für kurze Zeit einfach nur traurig zu sein. Doch kannst du die Situation auch durch die Praxis ändern. Du kannst, wenn du dich traurig fühlst, vieles tun, um dich aufzuheitern. Ich habe eine spezi-

elle Meditation, die Kieselsteinmeditation, die du nehmen kannst, um dich oder deine Freundinnen und Freunde aufzuheitern.[8]

Auch achtsames Atmen kann deine Traurigkeit verwandeln. Durch unser Atmen können wir unserem Atem, unserem Körper und unseren Gefühlen Frieden bringen. Durch die Kraft unseres achtsamen Ein- und Ausatmens können wir unserem Körper, unseren Gefühlen, unserem Geist zur Ruhe verhelfen. Hat sich das Wasser beruhigt und ist still geworden, gibt es keinen Kampf mehr. Zeiten, in denen wir traurig sind, sind gute Zeiten, um die Qualitäten von Stille und Frieden in uns zu entwickeln und zu verfeinern.

F: Warum sehen Kinder fern?

A: Weil ihre Eltern zu beschäftigt sind. Der Fernseher wird zum Babysitter. Manchmal kann das Fernsehen eine gute Sache sein, weil es gute Sendungen gibt. Du kannst daraus viel lernen, weil sie uns viele interessante Dinge vermitteln. Doch es gibt auch Sendungen voller Gewalt und andere, die dich davon zu überzeugen suchen, dass du nur glücklich sein kannst, wenn deine Eltern dir viele Sachen kaufen. Darum ist es für Kinder nicht gut, viel fernzusehen. Wären die Erwachsenen nicht so beschäftigt, könnten sie mit ihren Kindern mehr Zeit verbringen und die müssten dann nicht so viel fernsehen. Wir können viele wundervolle Dinge tun, die uns viel Freude bereiten, sodass wir nicht mehr fernsehen müssen. Wir hatten einmal ein Retreat mit dreihundert Kindern.

8 Siehe S. 154.

Anfangs protestierten viele von ihnen, weil es bei uns keinen Fernseher und auch keine Computerspiele gibt. Doch während des Retreats hatten sie so viel Spaß, dass sie das Fernsehen ganz vergaßen. Uns sie überlebten sehr gut! Darum müssen wir an all die vielen wundervollen Dinge denken, die das Fernsehen ersetzen können.

F: Ist es Buddhisten erlaubt, angeln zu gehen?

A: Den Zwei Versprechen zufolge müssen wir versuchen, das Leben von Menschen, Tieren, Pflanzen und Mineralien zu schützen.

> *Ich gelobe, Verstehen zu entwickeln, um mit anderen Menschen, mit Tieren, Pflanzen und Mineralien friedvoll zu leben. Ich gelobe, mein Mitgefühl zu entwickeln, um das Leben anderer Menschen, Tiere, Pflanzen und Mineralien zu schützen.*

Durch das Angeln würdest du dein Versprechen brechen. Stell dir vor, du bist eine Fischtochter oder ein Fischsohn. Dir geht es gut im Wasser, doch plötzlich bist du am Haken eines Anglers. Du wirst nie zu deiner Fischmutter und deinem Fischvater zurückkehren. Ich bin überzeugt, dass sie leiden werden. Das Angeln zu lassen ist also eine Praxis des Mitgefühls. Gib den Fischen die Chance zu leben.

Doch jedes Lebewesen muss leben und Nahrung finden. Darum müssen wir von Zeit zu Zeit fischen gehen, da wir sonst Hungers sterben würden. Das Prinzip ist, dass du nicht angeln gehst, wenn du nicht angeln gehen musst, wenn du kein Lebewesen töten musst, um dich zu ernähren. So verfah-

ren auch die Tiere. Eine Löwin jagt nur, wenn sie, ihr Gefährte und ihre Jungen hungrig sind. Ohne Hunger jagen Löwen nicht. Die Menschen sollten von den Tieren lernen. Tiere zerstören und töten nur dann, wenn sie Nahrung brauchen. Mit unserem Versprechen bringen wir uns und anderen Lebewesen Glück und Freude. Wir versuchen, unser Möglichstes zu tun. Niemand kann in vollkommener Weise der Richtlinie des Nicht-Tötens folgen.

Selbst der Buddha konnte das Erste Versprechen nicht in vollkommener Weise praktizieren, weil er gehen musste und weil er essen musste. Beim Gehen zerquetschte er kleine Lebewesen unter seinen Füßen, ohne es zu wollen. Zu Zeiten des Buddha war den Mönchen während der Regenzeit ein dreimonatiges Retreat vorgeschrieben, damit sie in dieser Zeit nicht reisen und dabei auf die vielen kleinen Kreaturen treten mussten, die von dem Regen aus der Erde gespült wurden. Laufen wir über Gras, töten wir winzige Lebewesen, die im Gras leben. Es gibt zu diesem Thema ein sehr bewegendes Gedicht, veröffentlicht in einem Buch, das ich für angehende Mönche und Nonnen schrieb. Du kannst diesen Vers am Morgen mit deinem Ein- und Ausatmen sprechen, wenn du erwacht bist und mit deinen Füßen nach den Hausschuhen tastest oder wenn du deine Schuhe anziehst, um dich für die Schule fertig zu machen.

Vom frühen Morgen bis zum späten Abend
muss sich jedes Lebewesen um sein Leben kümmern.
Kleines Insekt, sollte ich zufällig auf dich treten und dich töten,
dann mögest du direkt im Reinen Land des Buddha wiedergeboren werden.

Auch wenn wir vegetarisch essen, müssen wir unser Gemüse kochen, und beim Kochen kochen wir vielleicht auch kleine Wesen wie Insekten oder Bakterien. Ein vegetarisches Gericht ist also niemals absolut vegetarisch.

Wir sollten also unser Möglichstes tun, Leben zu schützen, in dem Wissen, dass wir nicht perfekt sein können. Tun wir unser Bestes, ist das gut genug. Du musst nicht perfekt in deinem Mitgefühl sein. Doch wenn du merkst, dass du jeden Tag einen kleinen Fortschritt auf dem Weg des Mitgefühls machst, wirst du in Frieden sein und zum Frieden in der Welt beitragen. Es ist gut, sich auf die Ehrfurcht vor dem Leben auszurichten, denn dann rettest du menschliches Leben, tierisches Leben, das Leben von Pflanzen und Mineralien.

F: Jesus, Martin Luther King und Gandhi wurden getötet und Sie müssen im Exil leben. Warum stoßen spirituellen Menschen schlimme Sachen zu?

A: Menschen, die voller Missverstehen und voller Angst sind, können gewalttätige Dinge tun. Sie hielten Martin Luther King für gefährlich, für sie war Mahatma Gandhi gefährlich und auch Jesus wurde als gefährlich betrachtet. Das sind falsche Wahrnehmungen. Und falsche Wahrnehmungen sind die Basis für alle Arten von Ängsten und Wut. Wir sollten also falsche Wahrnehmungen zu beseitigen helfen. Spirituelle Führer wie Gandhi oder Martin Luther King waren, als sie starben, nicht wütend. Sie empfanden Mitgefühl, selbst für ihre Mörder, denn sie wussten, nur falsche Wahrnehmungen, Wut und Angst bringen jemanden dazu, so etwas zu tun. Unsere Welt braucht viel Mitgefühl und Verstehen, und mit Hilfe unserer

Praxis sollten wir mehr Verstehen und Mitgefühl in die Welt bringen.

Im tiefen Schauen legen wir unsere falschen Sichtweisen ab und dann können Verstehen und Mitgefühl entstehen. Praktizieren wir das Dharma, liebevolles Sprechen und tiefes Zuhören, können wir einander helfen, falsche Wahrnehmungen abzulegen, sodass die Menschen nicht länger ängstlich oder wütend sein werden. Das sollten wir tun, um Kriege zu verhindern, Terrorismus vorzubeugen, Gewalt zu stoppen und Frieden zu schaffen. Du kannst dem Terrorismus nicht durch Bomben und Gewehre beikommen. Das schafft nur noch mehr Terroristen und verstärkt den Terrorismus. Jeder von uns verfügt über Samen des Verstehens und Mitgefühls. Das nennen wir Buddhanatur. Die Praxis besteht darin, die Samen in uns, die heilsam sind, zu berühren und tagtäglich ihr Wachstum zu unterstützen.

F: Wie können wir anderen helfen, ihre Angst vor körperlichen Schmerzen und vor dem Tod loszulasssen?

A: Zuerst einmal müssen wir uns selbst helfen. Wir sollten wissen, wie wir mit unserer Angst und unserem Schmerz umgehen können. Dann sind wir auch imstande, anderen zu helfen, weil wir selbst die Erfahrung gemacht haben, mit Angst und Schmerz umzugehen.
Leiden und Angst erleben wir nicht nur durch uns selbst. Unsere Angst und unser Leiden sind auch das Leiden unserer Eltern und unserer Freundinnen und Freunde. Ich bin du und du bist ich. Geschieht einem von uns etwas Schönes, geschieht es uns allen. Geschieht einer von uns etwas Schreckliches,

geschieht es uns allen. In diesem Licht besehen ist das Kind der Erwachsene und der Erwachsene ist das Kind. Diese Antwort entspringt der Einsicht in das Nicht-Selbst. Mittels dieser Einsicht erkennst du, dass dein Leiden, deine Angst ein kollektives Leiden sind. Mittels der Einsicht in das Nicht-Selbst erkennst du, dass Glück kollektives Glück ist. Du bist nicht getrennt.

Angenommen, du übst dich darin, Spannungen, den Stress, den Schmerz in deinem Körper zu lösen, und fühlst dich dann besser. Du kennst dich damit sehr gut aus. Wenn du dann jemanden erlebst, der sehr angespannt ist, dessen Körper voller Schmerzen ist, kannst du ihm zeigen, was er tun soll. Dieser Mensch wird dir glauben und vertrauen, weil du direkte Erfahrungen hast. Du hast das, was du sagst, selbst erlebt. Darum ist es so wichtig, dass wir selbst können, was wir anderen vorschlagen. Allein schon die Weise, wie du lebst, wie du auf Situationen reagierst, kann für andere hilfreich sein. Andere sehen, dass du friedvoll und freundlich reagierst, und sie beginnen von dir zu lernen.

F: Was bedeutet die Glocke der Achtsamkeit?

A: Die Glocke der Achtsamkeit hilft uns, zu uns selbst nach Hause zurückzukehren, uns an unserem achtsamen Atmen zu erfreuen und zu erkennen, dass wir lebendig sind, dass wir da sind, dass wir sitzen und auf diesem wundervollen Planeten gehen. Die Glocke ist wie eine Freundin, die dich in den gegenwärtigen Augenblick zurückruft. Viele unterschiedliche Arten von Klängen können Glocken der Achtsamkeit sein. Die Tempelglocke, die Kirchenglocke, sogar das Läuten eines

ganz normalen Telefons kann als eine Art Achtsamkeitsglocke verstanden werden.

Telefonmeditation ist wundervoll. Nimm als Erstes ein Telefon (es kann ein Handy oder ein traditionelles Telefon sein) und atme achtsam ein und aus, um zur Ruhe zu kommen. Dann sagst du:

Worte können Tausende von Kilometern reisen.
Worte können die Kommunikation wiederherzustellen helfen
und wechselseitiges Verstehen aufbauen.
Ich gelobe, dass das Gespräch, das ich gleich führen werde,
uns näher zusammenbringen wird
und unsere Freundschaft wie eine Blume erblühen lässt.

Du atmest ein und atmest aus, während du diesen Vers rezitierst, und dann wählst du die Nummer. Das Telefon beginnt auf der anderen Seite zu läuten, und du weißt, die Person am anderen Ende wird erst nach dreimaligem Läuten abheben, weil auch sie Telefonmeditation praktiziert und während sie das Läuten hört achtsam ein- und ausatmet. Sie sagt:

Ich höre, ich höre,
die Glocke der Achtsamkeit des Telefons
bringt mich zurück zu meinem wahren Selbst.

Du atmest also weiter achtsam ein und aus und hast Freude an deinem Ein- und Ausatmen, während du darauf wartest, dass sie auf deinen Anruf antwortet. Hat sie den Hörer abgenommen, muss die Unterhaltung einfach gut sein, muss sie voller Freude sein, weil ihr beide praktiziert, weil ihr beide ruhig seid und lächelt. Das nennen wir Telefonmeditation. Viele meiner Freundinnen und Freunde genießen Telefonmeditation. Sie berichten mir, dass sie ihrer Arbeit mit größerer Freude nachgehen, wenn sie auf diese Weise praktizieren.

In Plum Village atmen alle achtsam ein und aus, wenn sie das Telefon läuten hören. Die Glocke ist eine Freundin, eine hilfreiche Erfindung von Praktizierenden. Arbeitest du an einem Computer, verstrickst du dich vielleicht so in deine Arbeit, dass du vergisst, am Leben zu sein. Du kannst deinen Computer so einstellen, dass jede Viertelstunde eine Glocke erklingt, die dich in die Lage versetzt, zu dir selbst zurückzukehren und zu lächeln sowie ein- und auszuatmen, bevor du mit der Arbeit fortfährst. Viele unserer Freundinnen und Freunde haben das getan. Eine Glocke, die dich daran erinnert, zu dir selbst zurückzukehren und dein Atmen zu genießen, stellt eine wunderbare Möglichkeit dar, eine Pause zu machen.

Siebtes Kapitel

Übungen zur täglichen Achtsamkeit

Die Fünf Achtsamkeitsübungen[9]

Die erste Achtsamkeitsübung

Im Bewusstsein des Leidens, das durch die Zerstörung von Leben entsteht, bin ich entschlossen, Mitgefühl und Einsicht in das »Intersein« zu entwickeln und Wege zu erlernen, das Leben von Menschen, Tieren, Pflanzen und unserer Erde zu schützen. Ich bin entschlossen, nicht zu töten, es nicht zuzulassen, dass andere töten, und keine Form des Tötens zu unterstützen, weder in der Welt noch in meinem Denken oder in meiner Lebensweise. Im Wissen, dass schädliche Handlungen aus Ärger, Angst, Gier und Intoleranz entstehen, die ihrerseits dualistischem und diskriminierendem Denken entspringen, werde ich mich in Unvoreingenommenheit und Nicht-Festhalten an Ansichten üben, um Gewalt, Fanatismus und Dogmatismus in mir selbst und in der Welt zu transformieren.

9 Übersetzt von Mitgliedern des Intersein-Ordens.

Die zweite Achtsamkeitsübung

Im Bewusstsein des Leidens, das durch Ausbeutung, soziale Ungerechtigkeit, Diebstahl und Unterdrückung entsteht, bin ich entschlossen, Großzügigkeit in meinem Denken, Reden und Handeln zu praktizieren. Ich bin entschlossen, nicht zu stehlen und nichts zu besitzen, was anderen zusteht. Ich werde meine Zeit, meine Energie und meine materiellen Mittel mit denen teilen, die sie brauchen. Ich werde mich in tiefem Schauen üben, um zu erkennen, dass das Glück und das Leiden anderer nicht getrennt sind von meinem Glück und meinem Leiden, dass wahres Glück nur möglich ist mit Verstehen und Mitgefühl und dass es viel Leiden und Verzweiflung bringen kann, hinter Reichtum, Ruhm, Macht und sinnlichem Vergnügen herzujagen. Ich bin mir bewusst, dass Glücklichsein von meiner geistigen Haltung und nicht von äußeren Umständen abhängig ist und dass ich glücklich im gegenwärtigen Augenblick leben kann, indem ich mich daran erinnere, dass ich bereits mehr als genug Bedingungen habe, um glücklich zu sein. Ich bin entschlossen, »Rechten Lebenserwerb« zu praktizieren, um so dazu beizutragen, das Leiden der Lebewesen auf dieser Erde zu verringern und den Prozess der globalen Erwärmung umzukehren.

Die dritte Achtsamkeitsübung

Im Bewusstsein des Leidens, das durch sexuelles Fehlverhalten entsteht, bin ich entschlossen, Verantwortungsgefühl zu entwickeln und Wege zu erlernen, die Sicherheit und Integrität von Individuen, Paaren, Familien und der Gesellschaft zu

schützen. Im Wissen, dass sexuelles Verlangen nicht Liebe ist und dass sexuelles Handeln, das durch Begierde motiviert ist, immer sowohl mir als auch anderen schadet, bin ich entschlossen, keine sexuelle Beziehung einzugehen ohne wahre Liebe und die Bereitschaft zu einer tiefen, langfristigen und verantwortlichen Bindung, von der meine Familie und meine Freunde wissen. Ich werde alles tun, was in meiner Macht steht, um Kinder vor sexuellem Missbrauch zu schützen und um zu verhindern, dass Paare oder Familien durch sexuelles Fehlverhalten auseinanderbrechen. In dem Bewusstsein, dass Körper und Geist eins sind, bin ich entschlossen, geeignete Wege zu erlernen, um gut mit meiner sexuellen Energie umzugehen und die vier grundlegenden Elemente wahrer Liebe – liebevolle Güte, Mitgefühl, Freude und Unvoreingenommenheit – zu entwickeln, sodass mein eigenes Glück und das Glück anderer wachsen kann. Indem wir uns in wahrer Liebe üben, werden wir auf sehr schöne Weise in die Zukunft fortbestehen.

Die vierte Achtsamkeitsübung

Im Bewusstsein des Leidens, das durch unachtsame Rede und aus der Unfähigkeit, anderen zuzuhören, entsteht, bin ich entschlossen, liebevolles Sprechen und mitfühlendes Zuhören zu üben, um Leiden zu lindern und Versöhnung und Frieden in mir und zwischen anderen Menschen, ethnischen und religiösen Gruppen und Nationen zu fördern. Im Wissen, dass Worte sowohl Glück als auch Leiden hervorrufen können, bin ich entschlossen, wahrhaftig zu sprechen und Worte zu gebrauchen, die Vertrauen, Freude und Hoffnung wecken.

Wenn Ärger in mir aufsteigt, bin ich entschlossen, nicht zu sprechen. Ich werde achtsames Atmen und Gehen praktizieren, um meinen Ärger zu erkennen und tief in seine Wurzeln zu schauen, besonders in meine falschen Wahrnehmungen und mein fehlendes Verständnis für mein eigenes Leiden und das der anderen Person. Ich werde in einer Weise sprechen und zuhören, die mir und dem anderen helfen kann, Leiden zu transformieren und einen Weg aus schwierigen Situationen zu finden. Ich bin entschlossen, keine Nachrichten zu verbreiten, wenn ich nicht sicher bin, dass sie der Wahrheit entsprechen, und Äußerungen zu unterlassen, die Trennung oder Uneinigkeit verursachen können. Ich werde »Rechtes Bemühen« praktizieren, um meine Fähigkeit zu Liebe, Verstehen, Freude und Unvoreingenommenheit zu nähren und um allmählich Ärger, Gewalt und Angst, die tief in meinem Bewusstsein liegen, zu verwandeln.

Die fünfte Achtsamkeitsübung

Im Bewusstsein des Leidens, das durch unachtsamen Konsum entsteht, bin ich entschlossen, auf körperliche und geistige Gesundheit für mich selbst, meine Familie und meine Gesellschaft zu achten, indem ich achtsames Essen, Trinken und Konsumieren praktiziere. Ich werde mich darin üben, tief zu schauen, um meinen Konsum und meinen Umgang mit den vier Arten von Nahrung – Essbarem, Sinneseindrücken, Willenskraft und Bewusstsein – zu erkennen. Ich bin entschlossen, weder Alkohol noch Drogen oder andere Dinge zu benutzen, die Gifte enthalten, wie z. B. bestimmte Internetseiten, Glücksspiele, elektronische Spiele, Fernsehsendungen,

Filme, Zeitschriften, Bücher oder Gespräche. Ich werde mich darin üben, zum gegenwärtigen Augenblick zurückzukommen, um mit den erfrischenden, heilenden und nährenden Elementen in mir und um mich herum in Berührung zu sein. So lasse ich mich weder von Bedauern und Kummer in die Vergangenheit ziehen noch von Sorgen, Angst oder Begierden aus dem gegenwärtigen Augenblick bringen. Ich bin entschlossen, nicht zu versuchen, Einsamkeit, Angst oder anderes Leiden zu überdecken, indem ich mich im Konsum verliere. Ich werde das »Intersein« tief betrachten und auf eine Weise konsumieren, die Frieden, Freude und Wohlergehen sowohl in meinem Körper und Bewusstsein als auch im kollektiven Körper und Bewusstsein meiner Familie, meiner Gesellschaft und unserer Erde bewahrt.

Die fünf Essensbetrachtungen

Diese Nahrung ist ein Geschenk des gesamten Universums, des Himmels, der Erde, unzähliger Lebewesen und vieler harter, liebevoller Arbeit.

Mögen wir dieses Geschenk in Achtsamkeit und Dankbarkeit empfangen.

Mögen wir unsere unheilsamen Geisteszustände erkennen und transformieren, insbesondere unsere Gier, und lernen, maßvoll zu essen.

Mögen wir unser Mitgefühl beim Essen nähren, sodass wir das Leiden aller Lebewesen vermindern, unsere Erde schützen und den Prozess der globalen Erwärmung umkehren.

Wir nehmen dieses Essen an, um unsere Schwesterlichkeit und Brüderlichkeit zu stärken, unsere Gemeinschaft erblühen zu lassen und unser Ideal zu nähren, allen Lebewesen zu helfen.

Die Fünf Gewissheiten

Diese Fünf Gewissheiten helfen uns, die Samen der Angst zu identifizieren und tief in sie hineinzuschauen. Sie können täglich rezitiert, laut als geleitete Meditation vorgelesen oder von einzelnen Praktizierenden als stille Meditation verwendet werden.

Es ist der natürliche Verlauf, dass ich alt werde.
Es gibt keinen Weg, dem Altern zu entgehen.

Es ist der natürliche Verlauf, dass ich erkranken werde.
Es gibt keinen Weg, dem Krankwerden zu entgehen.

Es ist der natürliche Verlauf, dass ich sterben werde.
Es gibt keinen Weg, dem Tod zu entgehen.

Es ist der natürliche Verlauf, dass alles, woran ich hänge, und alle, die mir lieb sind, sich verändern. Es gibt keinen Weg, dem Getrenntwerden von ihnen zu entgehen.

Meine Handlungen von Körper, Rede und Geist sind mein einzig wirkliches Erbe.
Meine Handlungen sind meine Fortführung.

Gehmeditation

Der Geist kann in tausend Richtungen treiben,
ich aber wandere friedvoll
auf diesem schönen Pfad.
Mit jedem Schritt kommt ein sanfter Windhauch auf.
Eine Blüte öffnet sich mit jedem Schritt.

Gehmeditation ist eine Meditation während des Gehens. Wir gehen langsam und entspannt und haben ein leichtes Lächeln auf unseren Lippen. Wenn wir auf diese Weise gehen, fühlen wir uns vollkommen wohl, und unsere Schritte sind die eines

Menschen, der sich ganz in Sicherheit fühlt. Gehmeditation lässt uns das Gehen genießen – wir gehen nicht, um anzukommen, wir gehen, um zu gehen, um im gegenwärtigen Augenblick zu sein und uns jedes Schrittes zu erfreuen. Darum sollten Sie dabei alle Sorgen und Ängste abschütteln, nicht an die Zukunft denken, nicht an die Vergangenheit denken, sondern nur den gegenwärtigen Augenblick genießen. Wir alle können es. Wir brauchen nur etwas Zeit, etwas Achtsamkeit und den Wunsch, glücklich zu sein.

Wir gehen ständig, aber meist ist es eher ein Herumrennen. Unsere hastigen Schritte drücken Angst und Sorgen in die Erde ein. Können wir einen Schritt in Frieden gehen, dann können wir auch zwei, drei, vier und dann fünf Schritte für den Frieden und das Glück der Menschheit machen.

Unser Geist eilt von einem Ding zum anderen, wie ein Affe, der sich ohne Pause von Ast zu Ast schwingt. Gedanken ziehen uns fortwährend in die Welt der Achtlosigkeit. Wenn wir den Weg unserer Gehmeditation in ein Feld der Meditation verwandeln können, dann werden unsere Füße jeden Schritt in vollkommener Aufmerksamkeit machen, unser Atem wird in Harmonie mit unseren Schritten und unser Geist wird ganz entspannt und in Ruhe sein. Jeder unserer Schritte wird unseren Frieden und unsere Freude verstärken, und ein Strom ruhiger Energie wird uns durchströmen. Dann können wir sagen: »Mit jedem Schritt kommt ein sanfter Windhauch auf.«

Während des Gehens können wir bewusstes Atmen mit dem Zählen unserer Schritte verbinden. Nehmen Sie wahr, wie viele Schritte Sie jeweils beim Ein- und beim Ausatmen machen. Wenn es drei Schritte beim Einatmen sind, sagen Sie still: »Eins, zwei, drei«, oder »Ein, ein, ein«, ein Wort bei

jedem Schritt. Atmen Sie aus, sagen Sie bei drei Schritten: »Eins, zwei, drei« oder »Aus, aus, aus«. Wenn Sie drei Schritte während des Einatmens und vier während des Ausatmens machen, sagen Sie: »Ein, ein, ein. Aus, aus, aus, aus« oder »Eins, zwei, drei. Eins, zwei, drei, vier«.

Versuchen Sie nicht Ihr Atmen zu kontrollieren. Lassen Sie Ihren Lungen so viel Zeit und Luft, wie sie brauchen; nehmen Sie einfach wahr, achtsam für Ihren Atem und Ihre Schritte, wie viele Schritte Sie machen, während Ihre Lungen sich füllen, und wie viele, wenn sie sich leeren. Achtsamkeit ist der Schlüssel.

Gehen Sie bergauf oder bergab, dann wird sich die Anzahl der Schritte bei einem Atemzug verändern. Folgen Sie stets den Bedürfnissen Ihrer Lungen. Versuchen Sie weder Ihr Atmen noch Ihr Gehen zu kontrollieren. Beobachten Sie es nur genau.

Zu Beginn der Praxis dauert die Ausatmung vielleicht länger als die Einatmung. Sie machen möglicherweise drei Schritte beim Einatmen und vier beim Ausatmen (3–4) oder zwei Schritte/drei Schritte (2–3). Wenn das für Sie angenehm ist, dann üben Sie in dieser Weise. Nach einiger Zeit der Praxis werden Ein- und Ausatmen vermutlich gleich lang werden: 3–3, 2–2 oder 4–4.

Wenn Sie beim Gehen etwas sehen, das Sie mit Ihrer Achtsamkeit berühren wollen – den blauen Himmel, die Hügel und Berge, einen Baum oder einen Vogel –, dann halten Sie an, doch denken Sie daran, weiterhin achtsam zu atmen. Sie können das Objekt Ihrer Kontemplation durch das achtsame Atmen lebendig erhalten. Wenn Sie mit Ihrer Achtsamkeit nicht beim Atem bleiben, dann wird Ihr Denken früher oder später zurückkehren, und der Vogel oder der Baum werden verschwinden. Bleiben Sie also immer mit Ihrer Aufmerksamkeit bei Ihrem Atem.

Beim Gehen möchten Sie vielleicht die Hand eines Kindes halten. Das Kind wird Ihre Konzentration und Stabilität empfangen, und Sie werden seine Frische und Unschuld empfangen. Von Zeit zu Zeit läuft es vielleicht voraus und wartet dann darauf, dass Sie es wieder einholen. Ein Kind ist eine Glocke der Achtsamkeit und erinnert uns daran, wie wundervoll das Leben ist. In Plum Village lehre ich die jungen Menschen einen einfachen Vers, den sie beim Gehen sagen können: »Ja, ja, ja«, während sie einatmen, und »Danke, danke, danke«, während sie ausatmen. Ich möchte, dass sie auf das Leben, die Gesellschaft, die Erde auf positive Weise antworten. Ihnen gefällt das sehr.

Nachdem Sie für einige Tage so geübt haben, versuchen Sie Ihre Ausatmung um einen Schritt zu verlängern. Ist Ihre normale Atmung zum Beispiel 2–2, so verlängern Sie Ihre Ausatmung und praktizieren Sie 2–3 für vier oder fünf Male. Kehren Sie dann zu 2–2 zurück. Beim normalen Atmen entleeren wir niemals vollständig unsere Lungen. Es bleibt immer etwas Luft zurück. Verlängern Sie Ihre Ausatmung um einen Schritt, so werden Sie noch etwas mehr Luft ausatmen. Doch übertreiben Sie nicht. Und vier oder fünf Mal sind genug. Mehr kann ermüdend sein. Nachdem Sie vier oder fünf Mal auf diese Weise geatmet haben, kehren Sie zu Ihrer normalen Atmung zurück. Fünf bis zehn Minuten später können Sie den Prozess wiederholen. Denken Sie daran, Ihre Ausatmung um einen Schritt zu verlängern, nicht Ihre Einatmung.

Nachdem Sie einige Tage in dieser Weise praktiziert haben, sagen Ihre Lungen vielleicht: »Es wäre wundervoll, wenn der Rhythmus 3–3 statt 2–3 sein könnte. Wenn die Botschaft ein-

deutig ist, dann folgen Sie ihr, aber nur für vier oder fünf Mal. Dann kehren Sie wieder zu 2–2 zurück. In fünf oder zehn Minuten beginnen Sie mit 2–3 und dann 3–3. Nach einigen Monaten werden Ihre Lungen kräftiger geworden sein und Ihr Blut wird besser zirkulieren. Ihr Atmen wird sich verändert haben.

Bei der Gehmeditation kommen wir in jedem Augenblick an. Wenn wir in jeden Augenblick tief eintauchen, werden unser Bedauern und unsere Sorgen verschwinden und wir werden das Leben mit all seinen Wundern entdecken. Einatmend sagen wir: »Ich bin angekommen.« Ausatmend sagen wir: »Ich bin zu Hause.« So überwinden wir unsere Zerstreutheit und verweilen friedvoll im gegenwärtigen Moment, und dies ist der einzige Moment, in dem wir lebendig sind.

Sie können bei der Gehmeditation auch die Zeilen eines Gedichtes als Orientierung nutzen. Im Zen-Buddhismus wirken Poesie und Praxis immer zusammen.

Ich bin angekommen.
Ich bin zu Hause
im Hier
und im Jetzt.
Ich bin fest.
Ich bin frei.
Im Letztendlichen
verweile ich.

Seien Sie beim Gehen stets Ihrer Füße gewahr, gewahr auch des Bodens und der Verbindung zwischen dem Boden und Ihren Füßen, die durch das bewusste Atmen geschaffen wird. Manche sagen, auf dem Wasser zu gehen, das sei ein Wunder, aber für mich besteht das tatsächliche Wunder darin, achtsam auf der Erde zu gehen. Die Erde ist ein Wunder. Jeder Schritt ist ein Wunder. Schritte auf unserer wunderbaren Erde zu machen kann wirkliches Glück hervorbringen.

Die Kieselstein-Meditation

Obwohl diese Meditation üblicherweise Kindern vermittelt wird, ist es auch für Erwachsene eine sehr nützliche Praxis.

Sammeln Sie als Erstes vier Kieselsteine und waschen Sie diese. Wenn Sie mögen, können Sie sich einen kleinen Stoffbeutel nähen, um die Steine da hineinzutun. Setzen Sie sich dann mit Ihren Steinen hin. Ist jemand mit einer Glocke dabei, kann er die Glocke einladen, drei Mal zu erklingen, während Sie Ihr Ein- und Ausatmen genießen. Nehmen Sie die Steine aus dem Beutel und legen Sie sie links neben sich. Nehmen Sie mit der rechten Hand einen Stein und betrachten Sie ihn.

Der erste Stein repräsentiert eine Blume. Legen Sie den Stein in die linke Handfläche und diese Hand dann auf die rechte, um die Meditation über die Blumennatur zu beginnen. Sie können drei Mal sagen: »Einatmend sehe ich mich selbst als Blume. Ausatmend fühle ich mich frisch.« Sie sind wirklich eine Blume im Garten der Menschheit. Durch diese Übung werden Sie Ihre Frische, Ihr Blumesein wiederherstellen. Es ist während dieser Übung sehr hilfreich zu lächeln, denn eine Blume lächelt immer. Ihr Einatmen und Ihr Ausatmen helfen Ihnen, wieder zur Blume zu werden. Legen Sie danach den Stein auf die rechte Seite neben sich.

Nehmen Sie dann den zweiten Stein und betrachten Sie ihn. Dieser Stein repräsentiert einen Berg. Ein Berg repräsentiert Festigkeit. Wenn Sie stabil sind, gefestigt sind, dann sind Sie Sie selbst. Ohne Festigkeit könnten Sie nicht wahrhaft glücklich sein. Sind wir nicht fest im gegenwärtigen Moment gegründet, können wir durch Provokationen anderer Menschen, durch Wut, Angst, Bedauern oder Sorgen unser Gleichgewicht verlieren. Unsere Festigkeit wiederherzustellen ist sehr wichtig. Diese Meditation wird am besten in der Sitzhaltung durchgeführt, damit der Körper sehr stabil und gefestigt ist. Selbst wenn jemand Sie stieße, würden Sie nicht umfallen. Nachdem Sie den zweiten Stein in die linke Handfläche genommen und diese auf die rechte gelegt haben, beginnen Sie über den Berg zu meditieren. Sie können drei Mal sagen: »Einatmend sehe ich mich als ein Berg. Ausatmend fühle ich mich fest.«

Der dritte Stein repräsentiert stilles Wasser. Manchmal sehen Sie vielleicht einen See, in dem das Wasser so still ist, dass es genau das widerspiegelt, was da ist – den blauen Himmel, die weißen Wolken, die Berge und Bäume –, so still ist es. Ist unser Geist völlig ruhig und still, ist er wie der See; er reflektiert dann die Dinge, wie sie sind, und wir werden nicht zum Opfer falscher Wahrnehmungen. Ist unser Geist aber von Begierden, Wut oder Eifersucht gestört, dann sind wir nicht klar, ruhig und heiter und nehmen die Dinge falsch wahr. Falsche Wahrnehmungen bringen uns eine Menge Wut, Angst und Gewalt und drängen uns, Dinge zu tun oder Worte auszusprechen, die alles zerstören. Darum müssen wir praktizieren, um unsere Ruhe und unseren Frieden, repräsentiert durch das stille Wasser, wiederzuerlangen. Sie können drei Mal zu sich selbst sagen: »Einatmend sehe ich mich als stilles

Wasser. Ausatmend spiegle ich die Dinge, wie sie wirklich sind.«

Der vierte Kieselstein repräsentiert Raum und Freiheit. Wenn Sie in Ihrem Herzen nicht genügend Raum haben, wird es für Sie sehr schwierig sein, sich glücklich zu fühlen. Wenn Sie Blumenarrangements gestalten, wissen Sie, dass Blumen Raum brauchen, damit ihre Schönheit ausstrahlen kann. Aus diesem Grund brauchen Sie gar nicht viele Blumen, nur einige wenige. Jeder von uns braucht einen gewissen Raum um sich und in sich. Lieben Sie jemanden, ist eines der kostbarsten Dinge, die Sie diesem Menschen bieten können, Raum. Und den können Sie nicht im Supermarkt kaufen. Visualisieren Sie den Mond auf seiner Himmelsbahn. Der Mond hat viel Raum um sich, und darum ist der Mond so schön. Der Buddha wurde von vielen seiner Schülerinnen und Schüler als der Vollmond, der am leeren Himmel entlangzieht, bezeichnet. Sie können drei Mal sagen: »Einatmend sehe ich mich als Raum. Ausatmend fühle ich mich frei.«

Wenn ich keine Kieselsteine bei mir habe, singe ich manchmal einfach dieses Lied:

Blume, frisch.
Berg, fest.
Wasser, reflektierend.
Raum, frei.

Kontaktadressen

Spirituelles Zentrum von Thich Nhat Hanh

Plum Village
New Hamlet
13 Martineau
F-33580 Dieulivol
Tel.: 0033 5 56 61 66 88
Fax: 0033 5 56 61 61 51
www.plumvillage.org

Nähere Informationen für Deutschland

Gemeinschaft für achtsames Leben, Bayern e.V.
Dr. Thomas Barth
Abt-Häfele-Straße 21
85560 Ebersberg
Tel.: 08092 / 85 19 940
Fax: 08092 / 85 19 941
www.gal-bayern.de

Intersein-Zentrum für Leben in Achtsamkeit
Haus Maitreya
Unterkashof 50
94545 Hohenau
Tel.: 08558 / 92 02 52
Fax: 08558 / 92 04 34
www.intersein-zentrum.de

Quelle des Mitgefühls – Buddhistisches Übungszentrum
Heidenheimer Str. 27
13467 Berlin
Tel: 030 / 40 58 65 40
www.quelle-des-mitgefuehls.de

THICH NHAT HANH
ZUM WEITERLESEN

Aus Angst wird Mut

Grundlagen buddhistischer Psychologie

ISBN 978-3-89901-239-2

Frei sein, wo immer du bist

ISBN 978-3-7831-9536-1

Der Geruch von frisch geschnittenem Gras

Anleitung zur Gehmeditation

ISBN 978-3-7831-9557-6

Im Hier und Jetzt zuhause sein

ISBN 978-3-89901-237-8

Jeden Augenblick genießen

Übungen zur Achtsamkeit

ISBN 978-3-89901-231-6

THICH NHAT HANH
ZUM WEITERLESEN

Umarme deine Wut

ISBN 978-3-89620-323-6

Die Welt ins Herz schließen

Buddhistische Wege zu Ökologie & Frieden

ISBN 978-3-89901-202-6

Das Wunder der Achtsamkeit

ISBN 978-3-89901-238-5

Das Wunder des bewussten Atmens

ISBN 978-3-7831-9551-4